KB124332

복종할 자유

나치즘에서 건져 올린
현대 매니지먼트의 원리

Libres d'obéir

Le management, du nazisme à aujourd'hui

Johann Chapoutot

일러두기

1. 각주는 역자가 작성한 것이며 미주는 저자가 작성한 주석이다. 하지만 독해에 꼭 필요하다고 판단한 원주는 각주로 표기하였으며, 주석 끝에 원주임을 밝혀두었다.

2. 책, 학술지 등 엮음 형태의 출판물은 『 』, 기사, 논문 등은 「 」, 출판사, 신문사 등은 〈 〉, 영상물, 음악을 포함하는 기타 저작물은 《 》를 사용하여 구분하였다.

3. 저자가 원서에서 독일어 또는 영어로 병기한 내용 중 독해에 필요하다고 판단한 부분은 동일하게 병기해두었다.

목차

머리말

   그들은 단연코 낯선 자들이지만 이상하게도 가까운 사람처럼, 거의 동시대인처럼 느껴진다. 여기서 '그들'이란 나치 전범들이다. 즉 나치 시대 전문 역사가들이 생애와 활동을 관찰하고, 남겨진 글을 통해 정신세계와 인생의 우여곡절을 재구성해온 바로 그들을 말한다.

   사상과 인생 경력을 살펴보면, 그들은 단연코 낯선 자들이다. 우리가 1차 세계대전 참전 군인이면서 대량 학살, 강간, 약탈 같은 각종 잔혹한 범죄의 전문가였던 디를레방어[1]나 크뤼거[2] 같은 무자비한 범죄자나 '전쟁의 개'는 아니지 않는가? 또한 하이드리히[3]나

힘러 같은 폭력과 통제의 맹신자 혹은 전문 킬러일 수도 없다. 그들의 냉혹함과 맹목성, 그리고 초라함은 당시 모습을 담은 흑백사진이나 나치 군복 디자인처럼 그들을 아주 먼 세상 사람처럼 보이게 한다.

헤르베르트 바케[4] 역시 그렇다. 그는 다른 시대, 다른 장소의 인물이다. 다소 이국적인 태생에, 우리 중 누구 하나 알 수도 감히 상상할 수도 없는 인생을 살았다. 그렇기에 우리와 동떨어진 수수께끼의 인물처럼 느껴진다. 바케는 1896년 상인인 부친이 사업을 하던 러시아 제국에서 태어났다. 그는 같은 시기 젊은 스탈린이 거주하던 조지아의 수도 트빌리시에서 고등학교를 다녔다. 그러다가 1914년에서 1918년 사이 독일 국적자로서 잠시 수감된 적이 있으며, 그 후 독일로 돌아와 대학에서 농업학을 전공했다. 그동안 그는 러시아에 대한 해박한 전문가를 자처하면서 확고한 인종주의자가 되었다. 독일인의 생물학적·문화적 우월성을 확신한 그는 독일인에게 동유럽의 광활하고 비옥한 공간을 지배해야 하는 사명이 있음을 주장했다. 바케는 나치당원이자 농업 지도자로서 정치인 경력을 쌓아 나갔다. 행정 부서의 실무 책임자, 프로이센주 의회 의원으로 활동하면서도 이론적 연구를 게을리하지 않았던 그는 〈독일 농민이여, 깨어나라!〉라는 제목의 1931년 팸플릿에서 유럽 동부의 식민지화를 주장하며 그 지역 주민들을 독일 번영의 단순한 보조자로 취급하는, 경멸적 태도를 보여 주었다.

동그란 안경과 갸름한 얼굴 너머의 바케는 폭력적이고 급진적인 인물이었다. 이런 점 때문에 나치 친위대 대장 힘러, 그 휘하의 농업 문제 전문가 리하르트 다레에게 발탁되어 1933년부터 식량농무성 차관을 지냈으며 1942년에는 사실상 리하르트 다레의 후임 장관이 되었다. 그 사이 1936년부터 그는 헤르만 괴링이 총괄했던 4개년계획부의 농업 부문 전문가로 활동했으며, 1941년에는 독일 제국이 향후 점령하여 식민지로 삼을 동유럽 영토에 대한 체계적인 기아 정책을 입안하여 괴링에게 보고했다. '기아 플랜'은 소련인에게 지급할 식량을 대폭 줄여 이를 독일 제국에 공급한다는 내용이었다. 이 정책을 수립한 헤르베르트 바케는 중장기적으로 대략 3천만 명에 육박할 수도 있는 인명 피해를 냉혹하게도 '그럴 수 있고 바람직한' 것으로 인식하고 있었다. 철저한 나치당원이었던 그는 뉘른베르크 형무소에 수감된 뒤에도 히틀러에게서 내려온 격려와 치하의 말 몇 마디를 듣고 감격에 겨워했다. 장관, 친위대 장군, 동유럽의 식량 및 물자 보급에 대한 총괄 기획자 등을 지내며 눈부신 활약으로 제3제국에서 성공 가도를 달렸던 그는 제국의 몰락을 차마 받아들일 수 없었을 것이다. 바케는 부친이 자살로

생을 마친 지 정확하게 40년 뒤인 1947년, 수감 중이던 뉘른베르크 형무소 유치장에서 스스로 목숨을 끊었다.

이러한 인생 경력, 사상, 인성은 모든 면에서 우리에게 너무나도 낯설다. 이런 인물과 그들이 남겨 놓은 문서에 익숙한 역사학자들, 인간이라는 존재가 어찌 그리 사고하고 행동할 수 있는지 이해하고자 애쓴 역사학자들조차 연구 자료에서 잠시 눈을 떼고 안경을 벗은 후 연구 대상으로부터 약간의 거리를 취했을 때엔, 작고 호리호리한 체구에 확신에 찬 이데올로그이자 실력 있는 전문 기술자였던 바케의 말과 얼굴 사진이 유발하는 구토감과 공포를 피할 수 없다.

이런 인간들의 삶과 그 세계를 탐구하다 보면, 우리는 어쩔 수 없이 불안과 공포, 야만과 폭력으로 가득한 낯설고 아주 먼 세상, 1945년에 완벽하게 끝나버렸다고 믿었던 과거 그 시대에 발을 딛게 된다.

그런데 다른 한편으로는 그 문서들을 읽다 보면, 동시대성의 느낌을 떨쳐버릴 수 없다. 단어 혹은 문장 사이사이, 과거가 마치 현재인 듯 고개를 내미는 순간들이 있다. 몇 년 전 필자는 헤르베르트 바케가 작성한 짧은 문서, 짧아서 더욱더 섬뜩한 그의 가장 폭력적인 글 하나를 읽고 해설하면서 그런 느낌을 받았다. 소련 침공 직전, 독일 제국 식량농무성 차관으로서 그는 동유럽의 정복과 식민지화를 준비하고 지원하고자 세 쪽 분량 지침서를 통해 4개년계획부와 향후 동유럽에서 근무할 식량농무성 소속 행정가들에게 열두 가지 지시 사항을 하달했다.[5] 앞에서 언급한 것과 마찬가지로 이 문서에도 '이국적'인 요소들이 등장한다. 러시아인을 '궤변론자', 거짓말쟁이, 광신도, 정신지체인 취급하는 그의 인종주의, 열등 인간Untermensch인 소련인과 달리 세상의 주인Herrenmensch인 독일인에 대한 열광적인 찬양, 가죽 채찍과 강제수용소를 연상시키는 식민주의적 폭력성이 그것이다. 그런데 이 글에는 또한 다른 곳 혹은 다른 맥락에서 들어 보았거나 읽어 보았음 직한 것들, 즉 친숙한 요소들이 존재한다. 헤르베르트 바케는 행정 관리들에게 '성과performance'를 요구하고 있다. "중요한 것은 행동하는 것, 관료주의적 신중함을 과감히 벗어던지고keine Aktenwirtschaft 신속하게 결정을 내리는 것이다." "말하는 대신 행동하시오. 상관에게 nach oben 불평도 하소연도 하지 말고 행동하시오." 상관이 '목표Endziel'를 정하면 행위자들은 시간 낭비하거나 부차적인 수단을 요구하지도 말고, 업무상의 어려움 앞에서 비명 소리를 내지도, 굴복하지도 않으며 그 목표에 도달해야 한다는 것이다. 중요한 것은 임무를 완수하는 것이지, '어떻게' 해야 하는지는 아무런 상관이 없다. 바케는 동원할 수 있는 방법이나 수단에 있어 '최대한의 유연성'을 권장한다. '수단이나 방법은 각자 개인의 판단에 맡겼다.' 이러한 노동의 개념은 19세기부터 사용된 군사 용어인 임무형 지휘Auftragstktik(mission-type tactics)라는 이름을 갖고 있으며, 임무에 의한 전술 또는 목표에 의한 전술이라고도 한다. 임무를 부여받은 현장 지휘관은 원하는 방식대로, 할 수 있는 최선을 다해 임무를 완수해야 한다. 즉 목표를 달성한다는 조건하에 그의 판단과 자율성을 최대한 보장한다는 뜻이다.

유연성elasticity(혹은 융통성flexibility, 진취성initiative, 민첩성agility), 성과performance, 목표objective, 임무mission 등의 용어들. 이제 우리는 어느새 친숙한 영역에 와 있다. 아주 오랜 옛날 먼 세상의 괴물, 나치 친위대 제복 차림의 헤르베르트 바케라는 무자비한 육식 공룡 알로사우루스가 지금 이 시대, 우리가 사는 세상 안으로 들어와 있는 것이다. 바로 그가 이 시대의 용어와 범주를 사용하고, 이 시대의 개념들로 사고하고 몸소 실천하고 있기 때문이다. 바케는 '능력 있는 인간Leistungsmensch'임을 자부하면서 그런 인간으로 살아갔다. 그뿐만 아니라 자신의 견해로는 '너무 무기력한' 후견인이자 상관인 리하르트 다레를 '실패자Versager'라 평하면서 아쉬움을 표했다. '실패자'라는 표현을 오늘날 흔히 쓰는 표현인 '루저loser'[6]

라 바꿔 불러도 아무런 문제가 없을 듯하다.

헤르베르트 바케는 삶이란 오직 자주적인 인간이나 능력자만이 인정받을 수 있는 싸움, '패배자'는 자신의 열등함과 결함에 따른 크나큰 대가를 치러야 하는 제로섬게임이라고 확신했다. 그는 함께 일하는 동료들이나 나치당 동지들과 마찬가지로 이 세상을 원형경기장으로 여기는 사회적 진화론자였다. 자원은 한정적이다. 개인들은, 그리고 인종주의 시각으로 보면 모든 종들은 한정된 자원에 접근하고 장악하기 위한 사투를 벌여야 한다. 이름조차 '굽다 backen'라는 뜻의 독일어 단어를 떠올리게 하는 농학자 바케는 1차 세계대전에서 기아로 고생했던 독일인이라면 누구나 납득할 수 있는 강박관념에 기반해 공간 정복과 식량 확보를 중심으로 논의를 전개한다. 하지만 그 강박관념이란 것은 우리에게 낯설고 머나먼 세계의 일일 뿐이다. 우리는 혹시나 기후체계가 파괴됨으로써 식량 문제가 시급한 현안으로 떠오르는 경우만 아니면 마트의 선반마다 물건이 가득 들어찬 광경에 익숙하기 때문이다. 이처럼 바케는 나치식 강박관념과 사고를 갖고 있었다. 하지만, 한편으론 현시대의 사회조직과 경제체제가 사용하는 언어를 구사하였다.

부서 책임자이자 고위직에 있던 헤르베르트 바케는 자연스럽게 노동의 조직화, 인력 지도·관리Menschenführung, 즉 지금 우리가 매니지먼트라 부르는 것에 관심을 갖게 되었다. 이 분야에 관심을 가졌던 이는 바케 혼자만이 아니었다. 앞으로 살펴보겠지만, 나치 중 상당수가 전후에도 그런 활동을 이어 나갔으며 업적을 남겼다. 그런데 이것은 조금도 놀라울 게 없다. 그 당시 독일은 강력하고 다양한 산업을 보유한, 복합적으로 발전된 경제 지역이었다. 그렇기에 프랑스, 미국, 영국 및 다른 유럽 국가들과 마찬가지로 독일의 기술 고문들 또한 '어떻게 하면 노동력을 가장 효율적으로 조직화할 수 있을까'라는 문제에 관해 심층적인 연구를 진행하고 있었다. 매니지먼트의 역사는 나치즘이 탄생하기 훨씬 이전부터 시작되었다. 하지만 본격적인 연구가 이루어진 것은, '매니지먼트 시대'라 할 수 있으며 전후의 매니지먼트 이론 및 실제의 실질적인 태동기였던 제3제국 12년 동안이었다.

나치 시대의 대량 범죄가 일종의 '산업'이었다는 인식이 1945년 이후 대두됐고, 이는 자본주의적 조직화와 현대사회에 대한 혹독하고 쓰디쓴 자성의 움직임을 불러왔다. 통찰력 있는 사상가이자 사회학자 지그문트 바우만은 저서 『현대성과 홀로코스트』에서, 흔히들 생각하듯 나치 범죄의 절대적 폭력성이 그렇게 케케묵은 게 아니라 매우 동시대적이라는 점을 지적하여 독자들을 큰 충격에 빠트렸다. 어떤 형태의 경제적이고 사회적인 조직화, 로지스

틱스*에 대한 탁월한 관리능력이 일련의 범죄들을 가능케 하고 심지어 부추겼는데, 이 범죄들은 흔히들 생각하듯 가장 후진적인 야만성이 아니라 오히려 매우 현대적인 기업체의 체계적이고 세련된 조직화에서 비롯되었다는 주장이다. 이렇듯 지그문트 바우만을 포함하여 '강제수용소camp'를 사회적 통제와 현대사회의 특징인 계층화 및 물상화의 예시적 장소로 보는 조르조 아감벤 같은 철학자들이 어떤 금기를 풀어버렸다. 그러자 그 후 여러 역사학자가 나치즘의 동시대성에 대해, 즉 그 현상이 어떤 방식으로 이 시대와 시대의 흐름에 스며들어 있으며 어떤 징표 혹은 징후로 나타나고 있는지에 관심을 갖기 시작했다. 예를 들어 괴츠 알리[7] 같은 학자는 반인류 범죄를 테크노크라트 및 매니저(요즘 들어 나치 시대 연구가들이 흔히 사용하고 있는 용어다)들에 의해 수립된 합리적인 정치·경제적 프로젝트들의 표현물이라 해석했다. 이 매니저들은 주민들을 이동시키고 특정 지역을 기아 상태로 몰아넣고, 전문가다운 고도의 초연함과 냉정함을 발휘하여(힘러의 표현대로 '품위' 있게) 완벽한 고갈에 이를 때까지 생명 에너지를 활용하고 착취할 것을 권

---

* 일반적으로 경영계에서 사용하는 용어로 유통 합리화의 수단으로써, 원료 준비, 생산·보관·판매에 이르기까지의 과정의 물적 유통을 가장 효율적으로 수행하는 종합적 시스템을 가리킨다.

장했다. 최근 들어 이들에 관한 체계적인 연구가 이루어지고 있는데, 친위대 산하 경제 및 행정 본부 책임자 오스발트 폴[8], 같은 조직의 '건설'부 담당자이자 1943년부터는 강제수용소 내의 전략무기 제조 공장 보안 책임자였던 한스 카믈러[9](그는 또 미텔바우-도라 강제수용소 내의 V2 로켓 제조 공장 설계자였다), 최근 여러 권의 전기가 출간된 알베르트 슈페어[10]가 대표적인 예다. 알베르트 슈페어라는 인물은 건축가 또는 '좀 무책임한' 증언자로 잘 알려져 있으나, 그의 본 모습은 1942년 이후 나치 독일 전시경제의 총괄 기획자, 현대적인 전문 기술자, 천재적인 경영인이었다. 한마디로 그는 독일 제국의 산업 전반을 관리했던 최고위 매니저였다.

이러한 연구서들을 살펴보면, 매니지먼트나 '인적자원' '관리gestion' 같은 개념 자체에 이미 범죄적 요소가 내재해 있음을 깨닫게 된다. 영화《휴먼 퀘스천》*은 집요하면서도 흥미롭게 이 주제를 다루고 있다. '재료', '자원', '생산요소'라는 위상으로 격하된 인간 존재의 물상화로부터 인간 존재에 대한 착취, 더 나아가 파괴에 이르는 과정, 특히 노동에 의한 인간성 파괴(1939년부터)와 동시에 경제적 생산의 장소였던 강제수용소는 이 모든 것을 보여주는 전형

---

* La Question humaine(니콜라 클로츠 감독, 프랑스, 2007년)

적 장소였다.

이 모든 것은 장기간의 연구와 토론이 필요한 주제들이다. 하지만 여기서 목표하는 바는 그게 아니다. 또한 이 책은 매니저들, 매니지먼트, HRD(인적자원 개발) 프로그램, 각종 자문기관의 감사관들을 규탄하는 문서도 아니다. 물론 일부 끔찍한 이도 존재하겠지만, 인간에 대한 애정을 토대로 업무를 수행하고 자기가 관리하고 조언하는 직원들이 노동으로 겪을 고통을 경감하고자 최선을 다하는 이들이 훨씬 더 많다. 그중에는 현장에서 터득한 지식을 바탕으로 탁월한 노동사회학 연구자가 된 이들도 있다.[11]

이 책에서는 그보다도, '매니지먼트'가 그 옛날 구원의 문제와 같은 비중으로 우리의 관심 영역이 된 이 시대에, 예전의 '직원 및 종업원 지도·관리'라는 개념이 HRM, 즉 '인적자원 관리'**가 되어버린 지금 이 시대에 조금 더 높고 먼 곳에 떨어져서 다음과 같은 문제들을 살펴보고자 한다. 즉 나치가 공공 행정 및 민간 경제 분야에서 노동의 조직화, 업무의 분배, 제도의 조직화와 같은 문제들을 심층 연구했는데, 대체 무슨 까닭으로, 어떤 상황에서, 어떤 필

** '인적자원'이란 용어에서 '자원'은 계량화 및 수량화할 수 있는, 따라서 '관리'할 수 있는 대상을 말한다. 예전의 '직원 및 종업원, 즉 인력'이라는 표현은 어느 정도 '인간 또는 개인'의 의미를 담고 있었다. (원주)

요에 부응하기 위해 그리했을까? 그들은 매니지먼트에 관해 어떤 사고를 전개했을까? 그들 나치의 사고 속에서 노동, 개인, 그리고 행정조직 및 국가는 어떻게 되었을까?

이 문제들은 그 자체로도 매우 흥미롭다. 왜냐하면 이 문제들이 나치즘의 현대성이라는 주장, 즉 나치즘이 지금 우리가 사는 이 시대와 장소에(간단히 말해 오늘날 현대사회에) 고스란히 스며들어 있다는 주장을 뒷받침하는 자료가 되기 때문이다. 나치의 매니지먼트 개념이 나치 시대 이후에도 살아남아 1945년 이후 독일 '경제 기적'이 한창 진행 중이던 바로 그 시기에 그대로 적용되었으며, 극적이게도 친위대 고위 책임자였던 인물들이 이론가이자 실무자로 전향해 높은 연봉을 받는 직업인이자 생활인으로 성공적이고 행복한 삶을 살았다는 사실을 알게 되었을 때, 이 문제들은 더욱더 흥미로워진다.

이 책은 본질주의적 연구도, 연대기적 연구도 아니다. 매니지먼트가 나치 시대에 기원을 두고 있으며(게다가 이것은 잘못된 주장이다. 매니지먼트는 나치 시대보다 수십 년 앞선다), 매니지먼트가 본질적으로 범죄행위라고 말하려는 것도 아니다.

다만 우리가 살아가고 일하는 이 세계를 성찰하기 위해, 매우 흥미로운 두 가지 사실에 기반한 한 가지 사례 연구를 제시하고자 할 뿐이다. 즉 제3제국의 젊은 법률가, 대학교수, 고위 관리 들은 매니지먼트 문제를 깊이 연구했다. 나치 기업들이 자원의 동원, 노동의 조직화라는 두 가지 측면에서 막대한 수요에 직면했기 때문이었다. 그런데 이들은 역설적이게도 비권위주의적인 노동의 개념을 만들어냈다. 이는 제3제국의 반자유적 성격과는 적어도 이론상으로는 완벽하게 배치되는 자유 및 자율성의 공간에서, 직원과 노동자 들이 자신의 운명에 순응하고 자신에게 부여된 업무를 인정한다는 것이다. 나치는 이를 '기쁨을 통한durch Freude' 노동이라 주장했다. 이러한 노동 형태는 1945년 이후에도 조금도 기세가 꺾이지 않았으며, 노동의 '즐거움'과 조직의 '호의'로부터 노동자의 '참여engagement', '동기부여motivation', '관여implication'가 생긴다고 여기는 오늘날에도 매우 친숙한 개념이다.

그런데 이 경우, 목표를 규정하고 지정하는 데 참여할 수는 없지만 수단에 대한 자율성을 보장받음으로써 임무 수행자는 더 큰 책임을 떠안아야 했으며, 임무에 실패했을 경우에는 잘못을 저지른 죄인이 되었다.

여기서 너무 앞서가지는 말자. 판단은 잠시 보류하고, 어떻게 하여 나치 시대 법률가와 행정가 들이 그런 사고를 갖게 되었는지 살펴보면서 한 걸음씩 전진해보자. 이들이 떠맡게 된 첫 번째 과제

는 다음과 같았다. '한정된 수단과 인력으로 앞으로 무한히 팽창할 독일 제국을 어떻게 경영할 것인가?'

1장
대독일 제국의 행정을 재고하다

때는 바야흐로 '역사적'인 시대였다. 나치의 담론은 특유의 과장법이나 허세로 가득했다. 그 시대의 말과 글뿐만 아니라 이미지와 영상을 보면, 모든 게 '역사적'이고, '유일무이einmalig'하고, '거대하고', '단호하다entscheidend'. 적어도 전투적인 활동가, 에이전시* 직원, (고위직) 관리로 이루어진 특정 집단에게는 실로 그러했다. '국가 재건' 체제의 군사·행정·정치 분야의 중추 역할을 담당했던 그들 모두가 무언가에 도취하여 있었다. 누구라도 현혹될 만한 직위

---

* 특정 업무 또는 사업을 수행하는 정부 기관

와 수입과 임무 들이 눈앞에 아른거렸으니 그럴 만도 했다. 에르빈 롬멜이란 인물을 예로 들어보자. 그 시대 대다수가 그러했듯 그는 공인된 나치주의자가 아니었다. 1933년, 42세에 대대 지휘관에 불과했던 그가 히틀러가 벌인 전쟁들 덕택에 1942년에는 육군 원수로 지위가 수직 상승했다. 이것은 물론 그의 업적과 전차부대 지휘 능력에 대한 보상이었지만, 군 병력이 단 몇 년 새 50배 이상 증가한 상황에서 간부 인력 수요가 급증했기 때문이기도 했다. 나치의 노래《오늘은 독일이 우리들의 것이라면, 내일은 전 세계가 우리의 것이라네》가 이들에게는 시작의 노래였다. 그것은 특별수당이나 심리적인 만족감에 목말라하는 민간·군사 분야의 잘 훈련된 젊은 간부들에게 특별한 의미로 다가갔다.

1943년 법률가 발데마르 에른스트는 어느 지정학·행정학 학술지에서 약간의 유머를 곁들여가며 이 점을 지적했다. 그는 영국의 관리와 독일의 관리를 비교한다. 영국의 관리들이 대영제국이 제공하는 수많은 직위를 따라 전 세계를 주유한다면, 독일 관리들은 고작 라인강 상류에서 슈바르츠발트, 즉 검은 숲까지 이동하면서 대단한 모험이라도 하는 듯이 군다는 것이다. 그렇지만 앞으로 독일 관리들은 노르웨이 시르케네스에서 프랑스의 보르도까지, 리가에서 크레타섬에 이르는 광활한 지역을 다스리는 경영자 역할을 하게 될 것이다.[1] "얼마나 경이로운가!"[2] 이처럼 우리 모두를 흥분시키는 이 시대를 살아간다는 게 얼마나 큰 행운인지!

민간 분야 엘리트들은 모두 고등교육을 받은 자들이었다. 바이마르 공화국은 대학이나 대학생에게 무척 관대했다. 이전 시대의 독일 체제들과 마찬가지로 고등교육기관 설립을 거의 무차별적으로 허용한 결과, 1929년부터는 경제적·사회적 위기로 인해 대학 졸업생, 심지어 박사 학위 소지자들마저 실업 사태를 직면하게 되었다. 이들에게 돌파구를 마련해준 유일한 자들이 바로 나치였다. 나치는 이들의 환심을 사려 애썼고, 특히 친위대에 이들을 배치했다. 이 젊은이들은 실제로 나치당의 고위직을 맡았으며, 그 과정에서 나치 돌격대SA나 '서민' 출신 투사들과 갈등을 빚기도 했다. 그러다가 1933년에는 독일 정부 내부로 발탁되어, 앞으로 일어날 1939년 폴란드 침공 이후 유럽의 지배를 꿈꿔 볼 수 있는 위치에 이른다.

이 젊은 간부 중에서도 매우 뛰어난 대학교수와 고위직 관리 들로 이루어진 한 그룹이 야심 찬 이론 연구로 두각을 나타냈다. 소수 정예 조직 나치 보안대SD(친위대 산하의 첩보 및 공안 기관)의 최고 책임자인 젊은 교수 라인하르트 혼이 감독하고, 친위대가 운영했던 베를린대학 부설 국가문제연구소Institut für Staatsforschung의

울타리 아래, 1941년부터 1943년까지 이 그룹 구성원 모두가 참여하여 학술지『제국, 인종 질서, 생활권』을 펴냈다. 대독일 제국과 함께 탄생하여 제국이 급격하게 위태로워져 몰락의 길로 접어들 무렵 폐간된 이 학술지에서 앞으로 다가올 시대의 행정조직 및 공적 업무에 관한 수많은 연구 논문이 쏟아져 나왔다. 제국의 광활한 공간을 운영하기 위한 바람직한 행정은 과연 어떤 형태인지에 대해 매우 포괄적인 것에서부터 매우 전문적인 것, 더 나아가 매우 기술적인 것에 이르는 수많은 논문을 통해 밑그림을 그리고 있었다. 그중 한 예가 '계획 행정 운영을 위한 서류 처리'[3]라는 문제를 논하는 정력적이면서도 냉정함을 유지하고 있는 연구 논문이다.

앞에서 언급한 학술지의 책임자와 편집자 중 가장 연장자조차 아직은 젊은 나이였다. 1902년생인 빌헬름 슈투카르트는 그가 속한 나치당이 집권하던 1933년에 고작 31세였다. 법률가이자 상법 관련 논문으로 박사 학위를 받은 그는 1922년에 입당한 국가사회주의 독일노동자당(나치)NSDAP의 법률 고문이자 나치 돌격대 전속 변호인이었다. 그는 한스 프랑크, 발터 루트게브루네, 롤란트 프라이슬러와 함께 정치적 폭력 혐의로 기소된 나치 민병대원을 변호하기 위한 법률 자문팀의 일원이었다. 히틀러가 총통에 취임하면서 그는 최고위 공직에 발탁된다. 중앙행정 감독관, 1933년에 교육부 차관, 1935년에는 독일 제국 내무부 차관이 되었다. 탁월한 전문 기술자이자 헌신적인 투사였던 그는 두 가지 주요 법안을 위한 사전 준비 작업을 맡게 된다. 그중 하나가 정적 및 유대인 추방을 위한 독일 행정조직의 재편을 다룬 1933년 4월 법안이고 다른 하나는 유대인의 독일 국적을 박탈하고 유대인과 비유대인의 성관계를 금지하는 등 독일 국적을 새로이 규정하기 위한 1935년 9월 법안으로 이른바 '뉘른베르크 법'이라 하는 것이다. 아리아 인종의 고유성Aryanity 및 아리아인화Arisierung의 전문가인 그는 훗날 아데나워 수상의 보좌관이 되는 동료 한스 글롭케와 공동 집필한 논문에서 가장 엄격한 법 적용을 독려하려는 목적으로 이 법안들을 설명했다. 그는 독일 제국의 확장 문제에도 관심이 많아 1938년에는 오스트리아 합병에 관한 법률안을, 1939년 봄과 가을에는 보헤미아-모라비아, 그리고 폴란드의 법적 지위를 규정하는 법률안을 작성했다. 나치즘과 반유대주의의 상징적 인물이었던 그는 또한 확고한 병합주의자였으며, 나치 시대 고위 공직자 및 실천적 지식인의 전형이었다.

행정 조직화의 전문가이자 독일군이 점령한 광역권Grossraum의 설계자로서 슈투카르트는 '이제 곧 탄생할 독일 제국의 행정'이라는 문제의 연구를 장려하고 추진했다. 당연히 때는 역사적인 시대였고, 전망도 매우 고무적이었다. 하지만 현실적으로 그에 따른 문제들도 결코 만만치 않았다!

그중에서도 가장 시급한 것은 인적자원Menschenmaterial 문제였다. 숱한 영토들이 독일의 통치권에 편입됨에 따라 '거대 제국 Riesenreich'이 탄생했는데, 이 거대 제국을 관리할 인력은 증가하기는커녕 오히려 감소하는 추세였다. 군대로 징집되는 행정 공무원들이 갈수록 늘어났기 때문이었다. 슈투카르트는 나치가 동유럽에서 승승장구하던 1941년, 힘러의 40세 생일을 맞아 『하인리히 힘러에게 헌정하는 기념 논문집』에 실은 기고문에서 이러한 위기 상황을 정확히 진단했다.[4] 그는 이제 곧 전쟁에서 패해 여러 조각으로 분할될 소련의 잔해 위에 독일 식민 제국이 세워질 것이며, 지금의 전시 상황에서뿐만 아니라 앞으로 다가올 평화의 시대를 위해서라도[5] 독일 행정조직의 혁신에 관한 연구가 시급하다고 주장했다. 최소한의 인력으로 최대 효과를 내려면 어떻게 해야 할까? 답은 의외로 간단했다. '더 잘' 해야 한다는 것이었다. 그런데 이와 같은 '개선'의 문제는 중앙 권력에 제기해야 하는 문제도 아니고, 수단이나 방법론상의 문제도 아니었다. 최소한의 것으로 더 잘 해내야 한다는 것은 어디까지나 독일 행정 집행자들의 몫이었다.

이 집행자들이 지금 당장과 내일의 도전적 상황에 맞서기 위해서는 이제까지의 관행을 개혁하고 더 나아가 완전히 변화해야 한다는 것이다. 슈투카르트의 기고문은 빽빽하게 기록된 장문의 보고서였지만, 서술된 내용은 뭔가 애매하고 불명확했다. 각주가 전혀 없는 이 문서는 과학적인 글도 논증적인 글도 아니었다. 오직 규정이나 명령만으로 이루어진 글이었다. '이렇게 되어야 한다' 혹은 '이렇게 해야 한다' 같은 주장이나 명령이 나열되어 있을 뿐이다. 여기서 슈투카르트는 '유연성, 노동의 기쁨, 삶이나 활력과의 인접성'[6]을 격찬하고, 임무와 사명에 헌신적인 공무원들에게는 '창의적인 진취성'[7]를 발휘할 것을 호소했다. 모든 공무원들은 '각자 개인의 책임감, 고유의 의무, 개인 차원의 진취성이라는 드넓은 공간'을 활용할 줄 알아야 하고, 독일 제국의 새로운 공간과 각자가 떠맡은 업무 영역에서 '자신의 능력을 펼쳐 보일' 수 있어야 한다는 것이다. 이를 위해서는, 강력한 중앙 권력이 존재한다는 조건하에[8](모든 것이 지도자Führer의 의지에 종속되는 수직적인 명령체계하의 지도자국가Führerstaat에서 이것은 필수 불가결하다) 전체 조직은 가급적 분권화돼 있어야 한다. "어떤 것도 절대로 중앙 권력으로부터 통제를 받아서는 안 되고 … 분권화 방식으로 운영되어야 한다는 것이야말로 독일의 본질 및 정체성에 부합하는 것이다."[9] 독일의 본질과 신성로마제국의 지방분권 역사를 언급한 것은 중앙행정에는 부담을 덜어주고 지역 차원 행정조직이나 현지 행정관 들에게는 정책에 대한 이해와 실행에 있어 폭넓은 재량권을 인정한다는 보충성 원리principle of subsidiarity를 추진하고 장려하기 위해 매우 적절했다. 슈투카르트는 까다롭고 강압적인 중앙 권력에 억압받아 공무원들이 매우 불행한 나라인 프랑스의 전통과 독일의 전통이 완벽하게 대조된다고 말한다. 나치 문헌에서 일반화된 고정관념에 따르면, 프랑스는 '병적이고 무익한'[10], 그리고 '삶과는 무관하고 관료주의적인 도식화'[11]로 인해 '진취적 정신과 노동의 기쁨'[12]이 말살되는 곳이었다.

1910년생의 법률가 발터 랍스는 법학 박사이자 '동부 영토성'(여기서 그는 나치 친위대의 인종 말살 정책에 적극적으로 참여했다) 소속 젊은 고위 공직자였다. 그는 1943년에 작성한 행정 관련 기고문에서 슈투카르트를 열렬히 옹호했다. 그는 프랑스인뿐만 아니라 국가가 소멸하기 직전인 소련인도 경직되어 있기는 마찬가지라고 주장하며 독일의 경우는 다르다고 말했다.

그와 달리 독일 행정의 원리에 따르면, 정부의 확고한 방침은 중앙 최고위급의 권한 아래 있으나, 개인의 결정 및 진취성에 최대

한의 자유가 부여되므로 행정의 중심축은 오히려 하위 등급에 있다.[13]

그러나 이 게르만의 자유, 그 오래된 민족국가주의적 담론은 공무원과 행정관의 자유, 즉 부여받은 명령에 복종하고 무슨 일이 있어도 맡은 바 임무를 완수해야 하는 자유라는 사고에 의해 점차 변질되어간다.

어쨌든 빌헬름 슈투카르트, 발터 랍스를 비롯한 여러 사람들은 앞에서 우리가 헤르베르트 바케가 작성한 소책자에서 읽었던 바로 그 내용을('상관에게 불평하거나 하소연하지 마시오. 그들에게 도움을 요청하지 마시오') 조금 더 정돈되고 세련된 언어로 읊어댔다. "권한이나 관할권의 이양은 있을 수 있으나 수단의 이전은 없다. 따라서 각자가 창의력 혹은 진취성을 발휘하거나 아니면 지역의 자원이나 주민을 활용하여 스스로 헤쳐 나가야 한다. 중요한 것은 임무를 수행하는 것, 업무를 완수하는 것이다."

행정관들의 업무 수행을 용이하게 하기 위해서는 규범의 '간소화Vereinfachung'가 바람직하다. 빗장을 제거하여 에너지를 발산하고 행동에 장애가 되는 요소들을 사전에 방지해야 하기 때문이다. 발터 랍스는 이렇게 지적한다. '총통Führer'께서는 대단한 예지력을 발휘하여 1939년 8월 28일 '행정의 간소화'를 위한 법령을 제정했다. 이 법령의 제목에, 또한 법령의 첫 번째 조항에 모든 것이 함축되어 있다. "나는 모든 행정조직들로부터 중단 없는 행동을, 또한 모든 형태의 관료주의적 제약에서 벗어난 신속한 결정을 기대한다."[14] 이는 기한의 단축, 암묵적 동의, 규제의 철폐, 개인 또는 지역 차원의 주도권, 사용자의 권한 및 청원 수단의 축소 등 이처럼 명시적인 단어 몇 개로 이루어진 매우 간단한 두 쪽짜리 문서였다. 자신이 편집한 잡지 첫 호에서 빌헬름 슈투카르트는 이미 '경직된 형식들과 연관된 듯 느껴져서는 안 되는 행정의 유연한 수행'[15], '화석화되고 경직화된 모든 도식'[16]으로부터 벗어난 '좀 더 자유롭고 유연한'[17] 행동을 가능케 하는 합리적인 결정, 이 두 가지의 필요성을 강하게 역설한 바 있었다.

'생명', '생명과의 인접성', '생명력'에 대한 집착, 그리고 '생명과는 무관한' 모든 절차나 체계에 대한 거부, 이런 점은 우리에게 조금은 놀랍다. 이런 종류의 문서에 유기체적 비유, 생물학적 용어가 가득하기 때문이다. 그러나 '법law'(추상적이고 문서화되고 지적이고 생명이 없는)의 시대가 지나고 1933년에 마침내 다른 형태의 '법 droit'(구체적이고 구술적이고 본능적이고 살아 있는)의 시대가 시작되거나 재개되었음을 확신해 마지않는 어느 철저한 나치주의자의 담론에서는 조금도 놀라울 게 없다. 즉 생명은 흐름이다. 그러므로 에너지와 액체의 순환을 방해하는 모든 것은 '종race'에 위험한, 때로는 치명적인 혈전증을 일으킨다. 자연적 필연성이 모든 것을 관장하기에 자연법칙을 존중하는 것은 당연하다. 따라서 오늘날 우리는 '규범' 및 활력을 억제하는 일종의 '부하負荷' 같은 것들과 완전히 상반되는 '활력'이나 '에너지의 발산'을 소리 높여 주장하고 있는 것이다.

『하인리히 힘러에게 헌정하는 기념 논문집』의 또 다른 기고자 역시 빌헬름 슈투카르트와 의견을 같이한다. 슈투카르트의 친구이자 동료인 베르너 베스트는 1903년 다름슈타트에서 통신부 관리의 아들로 태어났다. 대학 졸업 후 법학 박사 학위를 받은 그는 나치에 매우 비판적이었던 국민보수주의 단체에서 활동하다가 1929년에 돌연 입장을 바꾸어 나치에 합류했다. 그는 공안 기관인 나치 보안대 일원으로서 게슈타포를 설계한 이 중 한 사람이었으며, 공동체, 경찰, 국가, 생활권Lebensraum에 관한 법률적 차원의 연구 작업에도 지속적으로 참여했다.[18]

「광역권에 대한 독일 행정의 본질적인 문제들」이라는 제목의 문서에서 베르너 베스트의 현실 인식은 슈투카르트와 다르지 않았다. "독일인이 직접 또는 간접적으로 통치권을 행사하게 될 영토가 매우 빠르고 강력하게 확장됨에 따라 우리는 지금까지의 통치 방식에 대한 모든 개념과 원리와 형태를 재고하지 않을 수 없다."[19] 이것은 곧 닥쳐올 도전적 상황에 대처하기 위한 것일 뿐만 아니라 장기적으로 앞으로 다가올 미래의 모든 조직체 구성을 위한 '전면적이고 심층적인 성찰'이 필요하다는 주장이었다.

독일이 지배하는 영토가 확장된다고 하더라도 '현재 독일의 인구로는 행정 인력이나 행정조직을 두 배로 늘릴 수는 없는'[20] 상황이었다. 따라서 최소한의 것으로 더 잘 해냄으로써 최대의 결과를 창출해야 한다. 자신의 주장을 정당화하기 위해 베르너 베스트는 이전 시대의 훌륭한 개혁가들, 1807~1813년 프로이센의 위대한 개혁운동가들을 다시 불러들였다. 이 개혁가들은 프로이센 왕국의 국가 조직과 군대에 대해 심층적이고 지속적인 개혁을 추진함으로써 프랑스에 대한 패배(1806년)를 극복하려던 군인과 고위 관리 들이었다. 이들(하르덴베르크, 슈타인, 훔볼트, 군사 분야에서는 샤른호르스트, 그나이제나우, 클라우제비츠)의 위대함은 다음과 같은 사실에 있었다. 즉 개혁 이후 프로이센은 오스트리아, 러시아와 동맹을 맺고 라이프치히에서 프랑스군과 맞서 승리(1813년 10월)를 거두었고, 이것을 시초로 마침내 1815년 6월 18일 워털루에서 대승을 거두며 한 시대를 종결지을 수 있었다.

지난 시대 행정 개혁의 거두였던 카를 폼 운트 춤 슈타인 남작은 "최소한의 수단으로, 저비용으로, 국민의 뜻에 따라 통치해야 한다"[21]라는 문장으로 행정조직 및 업무의 합리화를 위한 해결책을 제시했다. 이를 계승한 베르너 베스트는 이렇게 설명한다. "저비용으로 통치한다는 것은 가급적 적은 비용을 지출하면서 관리와 운영을 한다는 뜻이다."[22] 대독일 제국Grossdeutsches Reich을 건설하는 역사적이고 감격스러운 순간에도 격에 맞지 않은 좀스러운 금전적 걱정을 차마 떨칠 수 없던 당시의 상황을 잘 보여주는 대목이다. 광역권, 독일 제국의 확장, 이러한 상황에 대응하기 위해 시급한 국가 조직의 재편 등의 문제를 고민하던 지식인, 행정관, 고위 관리 들은 한 푼이라도 아낄 목적으로 기존, 혹은 그보다도 감소한 수단으로 훨씬 더 많은 성과를 낼 것을 명령했다. 변화된 환경에서도 예전과 똑같은 성과를 내야 한다는 것이다. 그런데 1807년 프로이센의 개혁가들이 처했던 상황에 비견되는 도전, 즉 사고의 유연성, 집행의 신속성, 실제에서의 융통성이 요구되는 엄청난 도전에 마주한 상황에서 어떤 문제가 새롭게 떠올랐다. '국가가 과연 가장 적합한 도구인가?'

2장
이제는 국가와 결별해야 하는가?

지금까지 살펴본 여러 인물의 사고 속에서 국가 행정조직이나 국가 자체가 이상하게도 찬밥 신세를 면치 못하고 있다는 느낌을 지울 수 없다. 앞에서 언급한 개혁주의 테크노크라트들이 작성한 문서를 보면, 예를 들어 헤르만 괴링이 이끌었던 4개년계획부나 하인리히 힘러의 친위대 휘하 공안 기관이자 많은 테크노크라트들이 직접 근무했던 나치 보안대와 같은 '준準국가 기관 또는 에이전시'가 주요 쟁점으로 다뤄지고 있다는 점에서 그렇다.

친위대 멤버들은 자신들 위상의 복잡성을 매우 잘 인식하고 있었다. 이들은 경찰 소속 고위 관리였지만, 보안대 멤버로서 국가사회주의 독일노동자당이라는 정당의 예산에서 책정된 급여를 지급받았다.

실제로 국가는 '특수 업무를 위해ad hoc' 조직된 수많은 기관이나 조직으로부터, 특히 나치당이라는 정당으로부터 위협받는 듯, 언제나 한발 뒤로 물러서 있는 것처럼 보였다. 게다가 나치의 언어에서는 당Partei이라는 말보다 '운동Bewegung'이라는 표현을 선호했다. '운동'은 생명 혹은 삶이나 역사의 역동성과 일맥상통한다. 반면에 지나치리만큼 어원에 충실한 '국가der Staat'는 스테이터스status, 즉 진취성이나 결정의 유연함과는 절대로 함께할 수 없으며 심지어 그것을 방해하는 고정되고 정태적인 기관이다. 제3제국의 이데올로그와 법률가의 견해는 대체로 이러했다. 즉 자연과 생명의 법칙을 존중하면서 부족 또는 가족 단위로 조직화된 생활을 했던 옛날 게르만족 사회에서는 국가가 존재하지 않았다. 국가는 고대 로마의 인종적 퇴화기에, 최초의 법령집(유스티니아누스 법전)이 작성되던 시기에 출현한 로마법에 의해 뒤늦게 탄생한 산물일 뿐이다. 로마법은 추상적이고 문서화된 규범을 양피지에 기록한 것인 반면, 본원적 의미의 법이란 순수한 본능이자 생명의 충동이었다.[1] 그런데 이러한 본래의 게르만법은 유대법에 자리를 내주고 말았는데(법에 관한 한 율법의 민족인 유대인을 능가하는 민족이 과연 이 세상에 존재할까?), 정태적인 국가와 국가 기관은 그 법을 보증하는 존재들이었다. 그와 동시에, 또 다른 국가인 교회가 게르만 민족에게 가혹한 교리(인간의 평등 및 규범의 보편성)의 수호자로 등극했다. 이로써 게르만인의 건강한 자연숭배 전통은 억압되고 파괴되었으며, 게르만인들은 폭력적이고 음험한 (유대-)그리스도교 전도사들에게 개종을 강요당했다.

이처럼 국가의 탄생은 게르만 민족에게 재앙이었으며, 국가의 존재와 행동은 치명적이었다. 제3제국 독일 영화는 천재성과 강한 의지의 소유자로서, 규율과 법에 지나치게 매몰된 국가 관리들의 병적이고 불합리한 태도와 맞서 싸우는 영웅들을 자주 그려냈다. 결핵균을 발견한 천재적인 의사 로베르트 코흐도 그중 한 사람이었다. 1939년 괴벨스의 지원으로 그의 인생 역정을 다룬 영화가 제작되었는데[2] 영화에서 그는 너무 까다롭고 느려터진 프로이센 행정의 수호성인 '복된 자, 부로크라티우스Burocratius'에게 혹독한 비난을 쏟아낸다. 독일의 탐험가이자 식민지 개척자인 카를 페터스의 경우도 마찬가지였다. 1941년 그의 이름을 딴 영화에서[3] 동부 아프리카 정복의 영웅이자 터프한 성격의 주인공은 까다롭게 구는 국가 관리들의 억지스러운 궤변에 거세게 항거한다. 그 당시 시리즈로 제작된 여러 편의 영화에서 주인공으로 등장한 프로이센의 국왕 프리드리히 2세의 경우도 다르지 않았다. 어떤 분야든지 위대한 업적을 이루기 위해서는 규율을 어느 정도 무시하며 정력적으로 빠르게 앞으로 나아갈 줄 알아야 한다는 사고가 대세를 이루고 있었다.

국가 기관이나 제도는 어디까지나 목적을 이루기 위한 수단으로 게르만 민족이 발전하고 능력을 발휘할 수 있도록 지원하는 데 머물러야 하는데, 전문화된 행정조직이 구성됨으로써 법이나 국가를 목적 그 자체로 만들어버리는 재앙적 결과를 초래하고 말았다. 아돌프 히틀러는 1934년 뉘른베르크에서 열린 나치 전당대회 연설에서 바로 이 점을 지적했다. "국가는 우리에게 명령을 내리지 않습니다. 바로 우리가 국가에 명령을 내리는 것입니다. 국가가 우리를 탄생시킨 게 아닙니다. 우리가 국가를 탄생시켰습니다." 히틀러는 『나의 투쟁』에서 국가는 "어떤 목적을 위한 수단이며, 그 목적이란 행정적이거나 추상적인 게 아니라 진정으로 구체적이고 생물학적인 것이다. 그것은 바로 민족의 역량을 강화하고 민족을 영속화하는 것이다"라고 썼다.

이처럼 이론상으로 아주 명백했다. 놀랍게도 나치는 확신에 찬 반反국가주의자들이었던 것이다. 실제에서는 더욱 명백했다. 그런데 1940년대부터 프리드리히 나우만 같은 정치학자 및 역사가들은 자신들이 보기에도 모순적인 그 점에 당혹스러워했다. 제3제국은 어떤 체제보다도 가장 엄격한 질서를 추구하는 듯 보였다. 하지만 실제 운영에 있어서는 흠잡을 데 없이 완벽해 보이는 나치 열병식 장면보다는 더욱 불안정하고 혼란스러운 모습을 보여 주었던 것이다. 새로이 탄생한 체제가 내세우는 이미지는 가히 '건축학적'이었다. 신고전주의 건축의 엄숙미는 인간 '기둥, 곧 중추'들의 절도 있는 움직임으로 표현되었다. 석재 건축물의 기하학적 질서 정연함을 그대로 재현한 '인체 건축물'인 셈이었다. 나치 시대 영화감독 레니 리펜슈탈의 기록영화에서 볼 수 있는 것처럼 나치 시대 영화는 '흠잡을 데 없이 완벽한 질서'라는 이미지들의 전시장이었다. 바이마르 공화국의 무질서와 민주주의의 대혼란에 뒤이어, 독일은 지도자 총통의 의지에 따라 기하학적이고 질서 정연한 모습으로 새롭게 통합되었다. 이것은 자연법칙과 독일 국민의 심오한 의지의 표현이었다. 독일의 본질은 지리멸렬한 로마제국이나 유대민족의 음울한 불안감 혹은 무정부주의와는 전혀 다른, 질서와 통일성이며 이는 '하나의 민족, 하나의 국가, 한 사람의 지도자 Ein Volk, ein Reich, ein Führer'라는 구호에 잘 나타나 있었다(여기서도 국가를 지칭할 때 Staat가 아닌 Reich라는 단어를 쓰고 있다).

이러한 인식은 당시 독일인들에게 안정감을 준다는 긍정적 효과가 컸다. 이 시대의 아우구스투스 황제인 히틀러는 공화국을 폐지하고 제국을 (재)탄생시켰고 '우리 운동의 강력한 중추들'을 일사불란하게 통솔함으로써 내전으로 인한 혼란을 끝냈다. 실제로 나치 집권 이후 곧바로, 나치 스스로가 획일화Gleichschaltung라 불렀던 것, 좀 더 명확한 표현으로는 독일이라는 기계의 완벽한 일치화synchronization가 뒤따랐다. 즉 사회(모든 정적의 제거)와 국가(비협조적이고 불필요한 국가 관리의 숙청), 그리고 나치당이라는 정당(특히 돌격대 내 계급의 폐지) 차원에서 완벽한 획일화 혹은 일치화가 이루어졌다.

그렇다고 해도 새로운 체제의 운영 방식은 레니 리펜슈탈의 완벽한 기하학적 이미지들보다는 혼란스러운 즉흥성 또는 무질서에 더 가까웠다. 산하 기관에 대한 숙청과 탄압으로 큰 타격을 받아 간신히 명맥을 이어가고 있던 국가와 거대 정당인 나치당이 공존하고 있었다. 이 상황에서 나치가 지배한 12년 동안 수많은 기관과 기구 또는 '특수 업무를 위해' 우후죽순처럼 생겨난 에이전시들이 난립하였고, 이로 인해 정책 결정의 절차나 집행 과정이 거의 이해 불가능한 지경에 이른다. 전쟁 준비를 하고 분쟁에 개입하면서 이러한 경향은 더욱더 심화하였다. 예를 들어 독일 경제계획의 주체는 과연 누구였을까? 1933년 3월 23일 수권법이 통과된 후, 전대

미문의 권력을 갖게 된 제3제국 총통이었을까? 아니면 경제부? 독일 중앙은행? 나치당? 아니면 혹시 1936년에 창설되었으며 헤르만 괴링이 이끌었던 4개년계획부였을까? 이 괴링이란 자는 국회의장, 항공부 장관, 무임소장관, 프로이센의 내무성 장관, 심지어 독일 공군 사령관까지도 역임하였다.

전쟁이 선포된 후, 폴란드를 비롯한 동유럽 광역권에서 점령한 영토는 과연 누구의 관할이었을까? 베어마흐트Wehrmacht, 즉 독일국방군? 경찰과 친위대의 고위 책임자들? 알프레드 로젠베르크가 이끌었던 동유럽성? 독일 제국의 식량 보급을 담당했던 농무성? 헤르만 괴링과 4개년계획부? 나치당의 지구 지도자들 Gauleiter? 노동력 확보가 주요 업무였던 알베르트 슈페어 휘하의 군수성? 아니면 혹시 1943년 시작된 전면전에 대해 전권을 가졌던 최고 책임자 요제프 괴벨스였을까?

실력자들 간의 자리다툼, 끊임없는 논쟁 못지않게 권한이나 관할권 다툼이 나치 시대 내내 지속되었다. 개인들은 대립했고, 여러 논리가 타협할 수 없을 정도로 격렬하게 충돌했다. '새로운 동부 영토'라는 문제를 예로 들어보자. 하인리히 힘러와 친위대 및 그 산하 여러 기관은 타협의 여지가 없는 극단적 인종 분쟁 정책을 추진했으나, 알프레드 로젠베르크와 그의 동유럽성 소속 행정 부서들은 정치적 분별을 권장했다. 즉 반유대주의라는 공통의 정서 때문에 독일군을 호의적으로 맞이했던, 인종적으로 열등한 현지 주민들에게는 우호적인 태도를 취해야 한다고 주장했다. 그런데 침략자들에게 적대적이지 않은 현지 주민들은 배척하지 않는다는 지극히 상식적인 요구에 대해 힘러와 그의 부하들의 반응은 냉담했다. 슬라브인이나 아시아인을 잠재적인 정치적 파트너 혹은 동맹으로 대우할 생각이 전혀 없었기 때문이다. 이 문제에 제3자적 입장이었던 독일국방군은 극단적인 인종적 교조주의를 배제하면서 다수의 소련인 의용군을 전투 보충병으로 징집하는 식으로 해결책을 제시했다.

실력자 개인과 대원칙 간의 충돌은 엄청난 시간과 에너지 그리고 수단의 손실을 초래했다. 독일 제국의 영토가 침략당했는데 해당 지역 주민의 보호를 담당한 책임자가 누구인지 불명확한 경우, 이러한 폐해는 극에 달했다. 현지에서든 중앙 권력의 최고위층에서든 상황은 마찬가지였다. 요제프 괴벨스의 일기, 하인리히 힘러의 비망록, 헤르만 괴링 또는 요아힘 폰 리벤트로프*의 내밀한 진술을 살펴보면, 나치 체제의 위계 내에 상호 간의 증오와 악착같은

---

* 나치 독일의 외교관이자 정치인, 외무장관

경쟁심이 어느 수준까지 이르렀는지 한눈에 알 수 있다. 간단히 말해, 명확한 게 아무것도 없었기 때문에 벌어진 상황이었다. 따라서 결정을 내리는 단 한 가지 명확한 방법은 '총통'의 판정을 얻어내는 것이었다. 그런데 이것 또한 총통에게 다가가기 위한, 그의 총애를 얻기 위한 광적인 경쟁을 불러왔다. 이 모든 것은 결국 마르틴 보어만이 이끌었던 총통 개인비서실에 과도한 권력을 부여하는 결과를 낳는다.

역사가와 정치학자 들은 이처럼 조금은 황당한 조직체에 '폴리크라시', 즉 다두多頭정치 혹은 다두제라는 이름을 붙였다. 실제로 제3제국의 특징은 권력기관 및 결정 기관의 다원화에 있었으며, 따라서 이들 간의 경쟁이 끊이지 않았다. 그로 인한 결과는 놀라웠다. '독일식 엄밀함'이나 '질서 취향'은 찾아보기 어려웠으며, 통일성이나 수직적 위계질서라는 '전체주의' 논리 역시 마찬가지였다.

이러한 현상에 대한 해석은 그리 단순치 않다. 우선 이러한 제도적 혼란을 그 시절 나치의 흥분된 조급함의 결과로 해석할 수도 있다. 실제로 나치는 줄기차게 다음과 같이 주장했다. 즉 '독일과 게르만 민족은 너무 많은 시간을 허비했다, 역사를 거스르는 흐름, 쇠락과 퇴화가 이미 시작되었다, 조정하고 조절하느라고 시간을 들일 필요 없이 개인들의 자발적 진취성을 증대시킴으로써 신속하게 행동하고 많은 것을 해내야 한다'. 또 다른 해석은 자신의 권한이나 관할권을 확대하려는 실력자들의 개인적 욕망에서 비롯된 것으로 보는 견해다. 나치당 모든 층위의 책임자들은 하위 개인의 진취성 증대를 허용하면서도 가끔씩 자신에게 유리한 방향으로 중재자 역할을 하고자 하는, 마치 중세의 봉건 제후와도 같았다. 그들은 '허약한 독재자'의 게으르지만 교활한 눈빛으로 자신의 영지를 조금이라도 더 늘리려 안간힘을 쓰고 있었다. 이처럼 행정 체제를 봉건제의 시각으로 해석하려는 시도는 매우 흥미롭다. 나치당의 지구 지도자에서 독일 제국의 장관에 이르기까지 모두가 자신의 영토와 권한을 지키려 애썼다. 그중에서도 가장 막강한 권력자들은 스스로 기관을 창설하기도 했다. 예를 들어 헤르만 괴링이나 알프레드 로젠베르크는 자신의 개인 행정 부서를 보유하고 있었는데, 로젠베르크의 경우 자신의 이름을 딴 문화재 수집 목적 특수임무팀, ERREinstazstab Reichsleiter Rosenberg을 만들었다. 이 조직의 주요 업무는 무엇보다도 유럽 대륙의 문화재와 예술품에 대한 체계적인 약탈이었다. 그런데 이 사업은 총통 측(히틀러의 고향 린츠에 총통박물관 건립 계획을 세우고 있었다), 괴링(개인 컬렉션을 위한 작업을 진행 중이었다), 힘러(친위대 산하 과학 연구 기관인 아넨에르베Ahnenerbe와 업무 영역이 겹치는 부분이 많았다)의 활동과 사사건건

충돌했다. 약탈, 강제적인 압류, 절도 같은 짓을 저지르는 와중에도 조직이 와해하며 모두가 모두를 상대로 투쟁하는 등 나치 내에 끊임없는 무질서가 이어졌다.

같은 임무와 같은 영토에 배속된 유사한 기관들 간의 경쟁에서 또 한 가지 관찰할 수 있는 것은 자연발생적이고 무의식적인 행정적 진화론이라는 측면이다. 국가가 기하학적 조직화, 타성, 부동의 규범 때문에 현시대의 생물학적이고 역사적인 위기 상황에 적절히 대응할 수 없다면, 개인적 진취성의 초국가적인 증대와 기관들 간의 경쟁의 확대를 통해 가장 신속하고 급진적인 해결책에 도달할 수 있다. 모든 게 느리던, 국가라는 질서 정연한 조직체의 시대에 뒤이어 실제로 1933년부터는 야심가들의 대립, '지도자Führer'의 총애를 얻기 위한 광적인 쟁탈전의 시대가 도래했다. 모두가 총통의 말과 생각을 자기 멋대로 해석하면서 그의 총애를 얻었음을 확신했다. 제3제국 반유대주의 정책의 역사는 이러한 관점으로 해석해야 한다. '유대인 아웃Juden raus!'같은 유명 슬로건들이 보여주는 바와 같이 모든 원칙이 단호하면서 동시에 모호했다. 그것들은 광적인 나치당 지구 지도자들이 추진한 지역 차원에서의 주도적 계획이었다. 마찬가지로 열성적인 부서 또는 위원회의 활동은 언제나 총통을 만족시키기 위해 가장 혹독하고 강경한 정책 결정으로 이어졌다. 이에 대한 좋은 사례가 바로 '크리스탈 나흐트', 즉 '수정의 밤' 사건이다. 파리에서 독일대사관 서기관이 피살되는 사건이 벌어지자 괴벨스는 1938년 11월 9일 독일 내 유대인에 대한 보복을 주장하는 성명을 발표한다. 이에 나치 대원들이 독일 전역에서 대대적으로 유대인 상점을 약탈하고 유대교회당에 방화하는 등 참혹한 사태가 벌어졌다. 이렇게 그는 행동으로 보여주고 싶어하는 나치 돌격대 지역 본부들의 욕구에 부응할 수 있었고, 히틀러에게 충분한 만족감을 선사했으며, 힘러와 하이드리히에게는 자신의 노선에 합류할 수 있게 할 명분을 제공했다. 1941년부터의 홀로코스트 역시 행정적 진화론의 시각으로 해석해 볼 수 있다. 홀로코스트, 즉 유대인 대학살은 본래 지역 차원에서의 주도적 계획들(이것 역시 서로 경쟁적이었다)이 중앙 권력의 승인하에 이루어진 것인데, 이것은 히틀러, 힘러, 괴벨스, 그 밖에 독일노동전선의 수장으로서 광적인 반유대주의자였던 로베르트 라이 같은 자들이 긍정적으로 여길 수밖에 없었던 '누적적 급진화'*의 논리에 따른 것

---

*   역사학자 한스 몸젠이 처음 제시한 개념이다. 『히틀러』의 저자 이언 커쇼는 나치 체제의 주요 특징 중 하나로 누적적 급진화를 꼽는다. 그에 따르면 나치 체제는 명확하게 정리된 정책이나 관료 체계가 없고 히틀러의 개인화된 통

이었다.

　역사가 이언 커쇼는 나치 시대 어느 독일 고위 관리의 말을 인용하면서 총통의 기대에 부응하기 위해 '총통의 지도하에 일하려는 dem Führer entgegenarbeiten' 행정기관들의 의지를 지적한 바 있다. 다두제는 행정적 진화론을 통해 나치 '세계관' 내에서 특별한 의미를 갖게 되었고 논리적으로도 확고히 자리 잡으며 체제로 정착할 수 있었다. 삶은 곧 투쟁이고, 이 세상은 종들 간의 전쟁터다. 따라서 행정기관들, 중앙 권력의 방침들, 에이전시들 간에 투쟁이 벌어지는 것은 너무도 당연하다는 게 행정적 진화론의 핵심이다.

　다두제는 조직이라는 문제에 관심이 많았던 당시 몇몇 법률가와 고위 관리의 연구 대상이었다. 국가를 기존의 개념과는 다르게 보려는(국가를 평가 절하하거나 여타 에이전시와 다름없는 일개 에이전시로 보고, 극단적으로는 국가의 소멸을 주장하는 견해) 법률적·행정적 사고를 기반으로 다두제 운영 문제가 이론화되었다.

치 방식에 의존하였다. 명확한 지시가 없는 상황에서 모든 엘리트가 총통의 의중을 헤아리는 데 혈안이 되어 있었고, 히틀러의 급진적 성향에 익숙한 엘리트들은 경쟁적으로 급진적인 방안을 내놓았다. 그 결과 더욱더 급진적이고 반인류적인 범죄가 저질러지게 되었다.

지금까지 살펴본 것처럼 나치가 국가를 평가 절하했다는 점은 명백하다. 나치의 관점에서 봤을 때 최고 기관, 주권 기관으로서 국가는 목표, 이 경우엔 생물학적 목표를 이루기 위한 수단이다. 따라서 국가는 민족이라는 종에 종속되며, 그것의 봉사자이자 도구일 뿐이었다. 그런데 라틴어 stare*의 의미 그대로 진정 영속적이고 항구적인 유일한 실체, 영원성 속에 머무르고 그 속으로 달려들도록 운명 지어진 유일한 존재는 유대인이 급조해낸 인위적 산물인 국가가 아니라 불변의 생물학적 실재인 민족이다. 이처럼 국가의 퇴화라는 사고에는 국가의 기원 및 기능에 관한 진지한 성찰이 뒤따랐다. 그뿐만 아니라 국가 공무원들이 법이나 규칙에 매몰되어 당장의 위기 상황에 적절히 대응하지 못하며, 자발적이고 주도적인 행동에 나서지 못하는 풍조를 비판하는 목소리도 터져 나왔다. 특히 사법 분야에서 이 점은 명백했다. 재판관들, 그들의 관용주의 혹은 나태함에 종속될 것을 우려한 나치 '운동'은 1933년 2월 항구적인 비상사태에 대처하기 위해 발효된 긴급명령을 근거로 정치적 탄압을 가능케 하는 과도한 권한을 경찰에 부여했다. 그 결과, 감옥에 수감되는 형벌을 면제받은 피의자라 할지라도 판사

---

* '서 있다, 머무르다'라는 뜻

의 영장 없이 경찰의 판단에 따라 강제수용소에 구금할 수 있게 되었다. 1942년 4월 26일 독일 제국 의회의 결정으로 '지도자 겸 제국의 수상'에게 모든 공무원을 면직 또는 파면할 수 있는 권한이 부여되었는데, 그 대상에는 역사적·생물학적인 요구에 따른 행위나 판단으로부터 독립적이어야 할 법관들도 포함되었다. 지나치게 신중하거나 가급적 절차법을 준수하려는 공무원, 사형 판결을 남발하지 않는 판사는 어디에 호소해 볼 방법조차 없이 제명될 가능성이 더욱 커졌다.

제3제국 시대 국가와 국가 공무원들은 합당한 존엄성을 인정받지 못했다. 여타 기관들과 마찬가지로 정치적 결정을 수행하기 위한 수단에 불과한 국가는 '특정 업무를 위해' 생겨난 수많은 행정기관과 경쟁을 벌여야 했다. 이 기관들은 19세기 이후 '에이전시'라 불리던 기관, 즉 특정 임무 또는 계획, 임무를 완수하는 데 필요한 예산을 보유하고 있으며 임무가 끝나면 즉시 해산되는 한시적인 조직과 유사했다. 특히 이러한 에이전시들은 전쟁 관련 임무를 수행하기 위한 목적으로 1933년부터 급속히 증가했다. 그중 한 예가 4개년계획부다. 이것은 1936년에 창설되었으며, 1940년 이후에도 존속했다. 1938년 건축기술자 프리츠 토트가 창설한 '토트 조직' 역시 마찬가지였다. 토트 조직은 포로수용소나 병사들을 위한 막사에서부터 대서양 방벽에 이르기까지 독일 제국의 수많은 크고 작은 건설 및 토목 공사를 수행하기 위한 기관이었다. 그 밖에 1939년에 창설되었으며 하인리히 힘러가 이끌었던 RKF, 즉 '게르만 민족 강화를 위한 국가 위원회'도 대표적인 사례다. 이 기관의 임무는 베를린대학 농업지리학 교수였던 콘라트 마이어의 실질적인 지도하에 동부 영토에 대한 전반적인 식민지화 계획을 세우는 것이었다. 이 동방종합계획Generalplan Ost은 1940년부터 검토가 시작되어 1943년까지 수차례 개정되는 등, 진통을 겪었다. 수십여 개로 추정되는 기관들이 난립했던 상황은 여러 가지 의문을 들게 한다. 물론 에이전시에 관한 공법학자들의 진지한 논의는 19세기에 이미 독일뿐만 아니라 프랑스에도 존재했다. 19세기 산업화 초기 대두된 전문 기술 분야의 요구에 부응하기 위해, 엄밀한 의미로 국가 행정조직이 아닌 특수 기관들을 통해 해결책을 찾아보려 했던 것이다. 하지만 19세기에는 이러한 에이전시들의 존재가 국가의 존립이라는 기본 원칙을 문제 삼진 않았다. 그러나 제3제국에서는 에이전시의 난립이 실제로 국가의 위상을 위태롭게 했다.

이러한 연구에 가장 적극적이었던 법률가 중 한 사람이 공법학자 라인하르트 혼이다. 그는 대부분의 공법학자와 마찬가지로 역사와 사회학에 관심이 많았다. 카를 슈미트의 측근으로 그의 환심을 사고자 애썼지만, 이 독일 헌법과 공법학 분야의 권위자로부터 학문적으로 인정받지는 못했다. 그러다가 국가라는 개념에 대한 역사적 해체 및 법률상 평가 절하를 주장함으로써 돌연 카를 슈미트와 차별화를 선언한다. 이 점에 대해서는 「헌법정신의 변천」[4]이라는 제목으로 1934년에 나온 문서에 잘 드러나 있다.

여기서 라인하르트 혼은 국가라는 개념이 얼마나 낡고 시대에 뒤떨어진 것인지를 증명하기 위해 국가 개념을 역사적으로 재해석한다. 그에 따르면, 국가 개념은 르네상스 시대 이탈리아에 출현한 근대 주권 군주들의 통치와 밀접하게 연관되어 있으며, 그 후 프랑스의 리슐리외 및 루이 14세 시대에 절정기를 맞았다는 것이다. 이미 지나가 버린 개인(군주 또는 정치인) 지배의 시대와 불가분의 관계에 있는 국가는 지금 이 시대, 즉 '공동체' 시대에는 더 이상 적합하지 않다는 주장이다.

권력과 지배에 광적인 집착을 하던 이탈리아의 포데스타*, 프랑스의 절대군주 들은 국가를 창건함과 동시에 오로지 자신만을 위한 도구를 만들어 냈다. 이들은 그럴듯한 법 이론을 통해 국가가

---

* 중세 말 이탈리아 중부와 북부 도시의 최고 행정관

지배 도구가 아닌 다른 것이라는 환상을 심어 주었다. 이로써 국가는 '보이지 않는 인격'화되었으며, '주권을 현현하는 영속적인 기관'으로 변신했다. 그러나 라인하르트 혼은 국가란 권력을 위해 쓰이는 '장치Apparat'에 불과하다고 주장했다. 그러므로 지금 우리가 처한 '범국가적 혁명' 상황에서는 그런 국가를, '행정조직과 국가공무원으로 구성된 그 장치'[5]를 잘 활용해야 한다고 말한다. 그러면서 오늘날 국가의 위상이 어떠한지 제대로 인식해야 함을 강조한다. "국가는 이제 더 이상 주권 군주나 불분명하고 모호한 이해관계를 위해 이용되어선 안 되고, 민족공동체Volksgemeinschaft라는 형태로서의 국민을 위해 이용되어야 한다."[6] 이런 식으로 나치는 정당하게 국가라는 존재를 탈취할 수 있었다. "우리의 운동은 국가를 점유하고 나서 국가에 새로운 업무들을 부여했다."[7]

1938년에 라인하르트 혼이 공동 저자 및 편집자로 참여했던 책 『법의 개념에 관한 본질적인 질문들』[8]에서 그는 국가를 새롭게 정의함으로써 논의를 마무리한다.

"이제 국가는 더 이상 최고위 정치적 실체가 아니다. … 국가의 역할은 민족공동체Volksgemeinschaft에 봉사하기 위해 권력Führung이 부여한 임무들을 실현하는 데 머물러야 한다. 이런 점에서 국가는 우리가 활용할 수 있는 수단이며, 수행해야 할 목표와 활동 범위를 할당받는 일개 수단일 뿐이다."[9]

이러한 국가의 후퇴는 실로 놀라웠다. 1933년 이전까지 프로이센과 독일에서는 군대와 마찬가지로 행정조직이나 국가 관리 들이 존경받았다. 그렇게 존엄한 존재로서 숭배 대상이었던 국가가 여타 다른 기관들과 다름없는 한낱 도구로 전락한 것이다. 앞의 인용문에서 적당한 표현을 찾지 못하여 어설프게 '권력'이라 번역한 Führung이라는 단어는 국가 권력과 구분되어야 한다. Führung은 '국가의 정치적 통치'라는 차원에서의 '권력'이라기보다는, 여러 기관이나 에이전시 중 하나인 국가에 특정 임무를 부여하는 민족공동체Volksgemeinschaft의 사령부, 즉 지도 혹은 매니지먼트를 총괄하는 수뇌부를 가리킨다.

게르만 민족에게 기독교가 전파되고 이와 함께 때늦은 로마법이 지배적인 이념으로 등장하며 제도로서 국가가 뒤늦게 도입되었다. 국가는 게르만의 자유, 그리고 그것의 자유로운 행사와 완전히 상반된 것이었다. 근대 이후 군주들이 절대주의 프로젝트에 따라 국가를 국왕의 주권 행사를 위한 도구로써 장악해버린 뒤로는 상황이 더욱 악화하였다. 라인하르트 혼은 1945년 이후에도 이러한 관점이나 원칙을 바꾸지 않는다. 1945년 이전, 이후 할 것 없이 그는 늘 국가라는 개념에 적대적이었다. 1970년에 발간된 책에서 그는 중세 시대를 특징지었던 '상호 간의 신의 관계'가 '일방적인 복종 관계'가 되어버린 상황을 한탄스러워했다. 중세의 '종복', '동업조합 회원' 들이 '절대국가의 백성subject'[10]으로 전락하고 말았다는 것이다. 이 백성들은 주권을 현현하는 군주 앞에서 '합리적으로' 따져 물을 수도 반박할 수도 없다. 진위를 알 수 없는 루이 14세의 말 한마디, '나는 곧 국가다'라는 그 유명한 문구는 그의 책 곳곳에서 인용되었다.[11] 탁월한 법률가로서 명목론자이며, 말과 사물, 언어와 실제를 혼동했던 라인하르트 혼은 군대, 행정조직, 그리고 사회에서 '행해진 모든 것'은 사전에 '말로 규정되어야'[12] 한다고 생각했다. 그는 국가 조직체의 원활한 작동을 보장하는 것은 합의, 지지, 열의가 아니라 '처벌에 대한 두려움'[13]이라고 말한다. 여기에서 권위와 복종의 기나긴 역사가 국가의 역사와 뒤섞이고 있다.

제3제국이 들어서면서 시대가 변화했으며, 1945년 이후 시대는 다시 변화했다. 20세기 정신과 게르만의 본질, 즉 게르만의 자유라는 개념에 부합하는 새로운 '인력 지도·관리Menschenführung' 방식을 이론화하고 실행하는 것이 당면 과제로 떠올랐다.

3장
'게르만의 자유'

국가라는 개념, 나아가 국가의 존재마저도 거부하고 포기하려는 나치의 태도는 사실 무척이나 놀랍다. '전체주의'가 당연히 '전체주의 국가'를 전제로 한다는 점에서 더욱더 그렇다.

그런데 국가가 무용하다는 주장에 머무르지 않고 한발 더 나아가 해롭고 재앙적이라는 것이 나치 운동과 연관된 모든 사상가, 이념가, 이론가, '투쟁적 지식인'들의 견해였다.

인류의 어느 한 부류(낙오자, 결함이 있는 자, '살아갈 가치가 없는' 자로 간주된 인간들)에게는 비극적이게도, 나치는 원칙적으로 세 가지 전통 혹은 유산, 즉 19세기 후반기에 나타난 사회적 진화론, 인종주의, 우생학이 서로 시너지를 이루며 크게 번성했던 문화적이고 이념적인 흐름에 속해 있었다.

허버트 스펜서의 극자유주의 사상에서 발원한 사회적 진화론으로부터 나치는 국가가 자연의 논리와 역동성을 방해하고 속박한다는 사고를 계승했다. 다들 알다시피 자연은 생존 불가능한 것을 도태시키거나 소멸케 한다. 그런데 부의 재분배 기능 및 독일에 일찌감치 도입된 사회보장제도를 통해 국가는 생존 불가능한 자들의 생존을 보장해주었다. '자연선택'이라는 엄중하고 건강한 논리에 역행하여(인간 사회에서는 '사회적 선택'이라는 용어를 쓴다) 국가는 오히려 건강한 자를 희생시키고 그 대신에 병자와 무능력자, 한마디로 불건강한 자들이 번성하도록 하는 반反선택 혹은 역선택의 역할을 수행한다는 것이다. 1880년대부터 비스마르크 수상은 프로테스탄트 경건파 신도들이 내세우는 정의의 원칙과, 저 자신이 지지 기반을 무너뜨림으로써 조직의 활력을 없애고자 애썼던 사회주의자들로부터 영향을 받아 아직은 문제투성이인 사회보험을 독일 국가에 도입했다. 그 결과, 실업자라는 전문적 게으름뱅이들이 처지에 맞는 운명, 즉 열심히 일하며 살아가야 한다는 것을 가르쳐주는 교훈적인 배고픔을 겪도록 놔두는 대신, 오히려 나태라는 악덕에서 헤어나올 수 없도록 부추겼다. 국가는 모든 과학적 지식에 역행하여 '유전병' 환자들의 생존과 성장, 번식을 허용하고, 심지어 그것을 강제하는 법으로 그들을 보호하고 있는 실정이다. 건강하고 성실한 독일 가정은 누추한 집에서 어렵게 살아가고 있는 반면, 다운증후군, 반신불수, 물뇌증 환자는 민간 차원의 기부금뿐만 아니라, 반선택적이므로 당연히 반자연적인 국가법의 지원으로 호화로운 요양원에서 풍요로운 생활을 하고 있다. 이 주제에 관한 나치의 선전·선동은 무궁무진하다.

사회적 진화론자들과 이에 동조하는 나치 추종자들은 '죽어야 하는 것은 죽는 게 바람직하다'고 소리 높여 외쳤다. '성과를 내지 못하는' 정신이나 신체가 그리되듯 수익성 없는 사업 혹은 활동 역시 그렇게 되어야 한다는 것이었다.

그런데도 국가는 불행하게도 민족의 피보다는 법조문의 잉크, 자연보다는 인위성의 손을 들어주는 인위적인 제도다. 약자, 쓸모없는 자, 낙오자의 생존과 번식을 강제함으로써 국가는 결국 '민족의 신체, 즉 민족이라는 신체Volkskorper'에 치명적으로 작용할 암 덩이를 키운다. 민족의 신체라는 표현은 민족공동체Volksgemeinschaft를 가리키는 생체론적인 비유다.

공공기관마다 우글대는 상상력이 빈곤한 관리나 비굴한 환관 무리가 시시콜콜한 규제나 법규를 집행하여 '생명력'을 억제하고 사장하며, 국가는 거기에 병적인 쾌락을 맛보는 듯하다는 점에서 더욱더 해롭고 재앙적이다. 규제 또는 법규라는 혈전, 그 행정조직의 질병은 흐름을 원활하게 하고 순환을 촉진하는 게 아니라, 게르만 민족의 피와 흐름과 역동성을 응고시키고 저해할 뿐이다. 이런 상황에서 혈전증은 불가피하고, 긴급 처방이 이루어지지 않는 한 죽음에 이를 수밖에 없다. 그리하여 규칙과 규범의 '단순화'를 부르짖는 수많은 목소리, '관료주의 정신'에 대한 끊임없는 비난, 법조문을 곧이곧대로 적용하려는 판사와 국가 관리에 대한 격렬한 비판이 터져 나왔다. 이 모든 것은 사회적 진화론이라는 유산에서 비롯된 것이었으며, 유대인이 작성하고 공포한 법률에 의해 지금껏 지나치게 억눌려 있던 게르만 정신을 해방하자는 사고와 궤를 같이하는 것이었다.

이처럼 대내적으로 국가는 게르만 민족을 억누르고 예속화하는 존재였다. 정태적인 존재인 국가는 생명의 역동성을 인정하지 않는다. 일반적이고 보편적인 존재인 국가는 특정 개체(예를 들어 특정 민족)를 위해 봉사하지 않는다. 인위적인 존재인 국가는 자연을 인정하지 않는다. 한마디로 국가는 생명력을 앗아가는 죽음이나 마찬가지다.

국가가 이 모든 결함을 갖고 있지 않다고 하더라도 어쨌든 쓸모

없는 존재임은 틀림없다. 게르만 민족은 존재 가치를 지닌 유일한 법인 자연법칙(생식, 투쟁, 지배)을 존중하기에 본능적으로 스스로를 통치할 줄 안다. 그러므로 치안을 보장하고 규율을 잘 지키는지 감시하는 초월적 기관을 만들어 상전으로 받들어 모실 필요가 전혀 없다. 이 우월한 민족의 일원인 개인이 건강한 정신을 지니고 자연법칙을 준수함으로써 평화가 자연스레 정착되며 아이들은 태어난다. 개인은 아이들을 양육하고 풍요로운 생활을 누리게 된다. 모든 법은(민법이든 형법이든) 쓸데없는 문구의 나열일 뿐, 공공질서는 게르만인의 신체, 마음, 영혼 간에 존재하는 '예정된 조화'에서 저절로 흘러나온다. 인종적으로 건강한 인간이라면 누구나 나치가 될 수밖에 없으며, 본원적으로 생명의 계율인 '지도자Führer'의 명령에 따르지 않을 수 없다. 민족공동체Volksgemeinschaft는 필연적으로 신체와 정신의 공동체다. 따라서 이 건강한 세계에서는 공동선을 보장하는 제도로서의 국가는 전혀 필요치 않다. 개인들은 '민족이라는 신체'에 어울리는 '사지, 즉 멤버 혹은 구성원'으로서 자연스럽게 행동한다. 왜냐하면 모두가 같은 피와 공통된 상식을 공유하기 때문이다. 국가라는 리바이어던, 그 덩치만 크고 둔해 빠진 매머드는 갖가지 에이전시들로 대체할 수 있으며 반드시 대체해야 한다. 에이전시들은 개인들과 마찬가지로 자연에 의해 예정된 조화 안에서 진화할 것이며, 그 결과 에이전시들은 자연스럽게 결정의 신속성과 집행의 유연성을 확보할 수 있을 것이다.

대외적으로도 국가는 불필요한 존재였다. (1648년 베스트팔렌 조약으로 새로이 확립된 국제 질서에 따르면) 국가는 17세기 이후 치안의 보증인이자 다른 국가들에 대한 주권 기관으로 인식되었으나, '공간과 종race, 비오톱*과 민족'에 관한 나치의 사고 내에서 국가는 아무런 존재 가치나 필요성이 없었다. 민족들만 존재할 뿐, 국가는 존재하지 않을 것이기에 '국제 질서'라는 것도 사라질 운명에 처해 있다는 것이다. 이러한 동물 세계에서 우월한 민족은 다른 민족들을 파괴하거나 예속화하고, 아니면 적어도 착취함으로써 지배해야 한다는 사명을 지닌다. 그러므로 '국제법', '국제 질서', '민족국가nation', '국가State'라는 것들은 이제는 폐지된 개념이며 곧 사라질 현실이다. 국제연맹, 국가 간의 외교, 국민국가State-nation의 시대는 이제 수명이 다했다. 빌헬름 슈투카르트, 베르너 베스트, 라인하르트 혼 및 그 동료들이 꿈꾸는 '광역권Grossraum'의 시대가 임박했기 때문이다.

가장 엄격한 나치식 개념으로의 국가는 이제 남은 수명이 고작

---

* 생존과 생활이 이루어지는 특정 환경 또는 서식 공간

몇십 년에 불과했다. 그 몇십 년은 전쟁을 치러야 하는 시기, 그리고 존재 가치를 지닌 유일한 질서인 생활권, 즉 게르만 민족을 먹여 살리는 그 비오톱의 생물학적이고 인종적인 자연 질서가 점진적으로 정착되는 과도기였다. 게르만 민족의 생활권은 유럽 대륙 전역으로 확장되어야 하기에 독일 국가의 존속은 다른 유럽 국가들을 독일 국가Reich의 광역권으로 흡수·통합할 때까지, 다시 말해 나치가 지배하는 시대가 도래하기 전까지 적당히 눈속임하면서 다른 유럽 국가들과의 교류와 관계를 원만히 하는 데 필요한 것일 뿐이었다. 여기서 Reich라는 단어는 State(국가)를 의미하지 않으며, 국가의 존재를 전제로 하지도 않는다. 나치가 사용하는 단어 Reich는 법률적·제도적 의미(근대 이후 국가State라는 개념에 내포된 의미)가 아닌 라틴어 regnum(지배 혹은 통치, 시대 및 권역, 즉 '권력이 미치는 범위'라는 뜻을 함축한다)이 지닌 중세 시대의 종교적인 의미를 갖는다.

국제 질서 속에서 점진적인 소멸에 이르게 될 국가는 대내적으로도 점진적인 해체로 나아갈 수밖에 없다. 국가의 임무를 '관료주의적'이 아니라 '역동적'으로 수행하기 위해 다양해질 수밖에 없는 에이전시들이 그 자리를 대신 차지할 것이다. 그 필연적인 해체가 완결되기까지 국가는 '선택적' 역할을 맡는다는 조건하에 간신히 명맥을 유지할 뿐이다. 아직 목숨이 붙어 있는 몇십 년 동안 국가는 자연을 거스르고 역행하는 대신에 자연을 지원하고 뒷받침한다는 조건으로 목숨을 부지할 수 있다는 뜻이다. 지금까지는 약자와 병자의 보호자로서 반反선택적 역할을 수행했다면, 앞으로는 예방 차원의 우생학 관련 법을 제정하거나('유전병 환자', '반사회적 성향'을 지닌 자, '나태한' 자를 비롯한 모든 사회적 '일탈자'에 대한 불임 처방), 더 나아가 인명 살상 행위('성과', '생산성', '수익성'을 창출하지 못하는 자들의 독가스 살상 및 주사에 의한 안락사)를 통해 자연의 엄밀하고 독점적인 조력자가 되어야 한다. 자연의 조력자로서의 국가는 그 필연적인 절차들이 확실히 이루어지도록 보장하고 나아가 그것들이 신속하게 이루어지도록 지원함으로써 '죽음을 방치'하거나 심지어 '죽음을 조장'해야 한다. 왜냐하면 자연의 필연적인 법칙을 대체할 만한 것은 존재하지 않기 때문이다. 그러므로 복지국가는 이제 곧 생물학적 필연성에 굴복하게 될 것이다. 그런데 자유방임적 야경국가에 대해 나치는 어떻게 생각했을까? 19세기 자유주의자들은 가령 화폐 주조권이나 전쟁 선포권처럼 개인의 자유와 자유로운 경제 활동을 위해 반드시 필요한 질서와 안정을 보장하는 데 국가 권력을 사용할 수 있다는 야경국가 형태를 순순히 인정했다. 그러나 나치 세계에서는 야경국가 역시 존재할 이유가 없었다. 동질적이고 순수한 민족공동체Volksgemeinschaft의 자연발생적인 조화로움이야말로 모든 불법행위를 '자연스럽게, 즉 저절로' 불가능하도록 만들 것이기 때문이었다. '민족공동체 Volksgemeinschaft'의 건강한 구성원이라면 누가 감히 할머니의 가방을 훔쳐 달아나거나 은행 강도가 될 생각을 할 수 있겠는가? 그러므로 '최종적인 승리'를 거둔 뒤 평화가 정착되면, 나치 친위대가 부여받게 될 역할은 경찰의 역할이라기보다 군사적 임무가 될 것이었다. 이들은 게르만 영토의 습격을 호시탐탐 노리는 '아시아인'이나 '몽골인'의 침입을 막아내기 위해 우랄산맥 기슭, 제국의 변방 지역을 수호하게 될 것이다. 민족공동체Volksgemeinschaft 내에서의 질서는 내재적이고 자연발생적인 것이며, 축제 날 저녁에 일어날 수 있는 가벼운 일탈 행위쯤은 국가사회주의 독일노동자당 지역 본부 차원의 관대한 처분으로 해결되거나 최악의 경우라 해도 히틀러유겐트 또는 나치 돌격대 대원들에 의한 교화적인 태형으로 다스릴 수 있다. 향후 15~20년간의 우생학적 정책, 치안적 예방책, 그리고 전쟁 뒤에는 모든 범죄 원인이 저절로 사라질 것이다. 이 모든 것을 지휘하는 주체는 나치당 및 그 산하 기관과 에이전시 들, 즉 나치 돌격대, 친위대, 히틀러유겐트, BdM(독일소녀동맹), NSV(국가사회주의 국민복지기구), NSKK(국가사회주의 운송대.

나치당의 준군사조직이다), T4(장애인 안락사 계획 추진 본부) 등이다. 기존 행정조직의 낡은 윤리에 안주하고 절박한 생물학적 요구에는 무감각한 구제 불능의 자유방임적 야경국가 체제로는 절대로 수행할 수 없는 사업이다.

국가라는 족쇄를 벗어던지고 자연의 지배를 공고히 하는 것, 피의 법칙을 준수하며 긍정적일 수밖에 없는 진취적 정신의 힘, 생명력 넘치는 그 힘을 발산하는 것이야말로 충만하고 온전한 '게르만의 자유'를 되살려내어 정착시킬 수 있는 필수 조건이었다.

'게르만의 자유'라는 주제는 독일인뿐만 아니라 다른 지역에서도 채택했던 오래된 민족국가주의적 담론이었다. 로마 역사가 타키투스의 『게르마니아』를 보면, 숲속 생활을 하던 게르만족은 전제군주제나 독재정치라는 것을 알지 못했던 것 같다. 공포스러운 게르마니아에 관한 지식이라고는 소문으로 주워들은 것밖에 없었을 타키투스는 게르만 부족들이 '팅Thing'이라 불리는 회의에서 토론과 합의를 통해 스스로를 통치했다고 이야기한다. 팅이라는 단어는 지금은 사라진 북유럽의 고어다. 그런데 제3제국에서 사용된 '팅스타테Thingstätte'라는 말은 합창 가극 공연을 위한 야외 원형극장을 뜻하는 단어로, 1933년부터 수십 개의 팅스타테가 건설됨으로써 다시 쓰이게 되었다.

이 '숲속의 자유', 즉 게르만의 자유는 17세기의 앙리 드 불랭빌리에*, 18세기의 몽테스키외 등 군주의 절대 권력에 반대하는 근대의 모든 이로부터 찬양받았다. 1806년의 패배로 나폴레옹의 프랑스군이 프로이센을 점령했을 때, 요한 고틀리프 피히테 역시 『독일 국민에게 고함』에서 본원적이며 본질적인 게르만의 자유를 강조한 바 있었다. 그는 이렇게 말했다. 프랑스인은 게르만족, 라틴족, 갈리아족이 뒤섞인 민족이다. 오직 독일인만이 수 세기를 거쳐 내려오는 동안에도 고유한 정체성을 유지하면서 본래의 단일 언어를 구사하며 본원적으로 자유로운 사람들이다. 반면 프랑스인은 나폴레옹이라는 전제군주의 백성일 뿐이며, 나폴레옹은 로마 황제, 교황, 그리고 절대군주들의 후예라고 해도 좋을 인물이다.

그렇다면 게르만인은 정말로 자유로운 사람들이었을까? 역사를 훑어보면 결코 그렇지 않았던 것 같다. 프로이센 군대의 그 유명한 혹독한 훈련법에서부터 빌헬름 왕조 시대의 군국주의에 이르기까지, 라인강 너머에서는 모든 게 강압과 처벌이었던 것처럼 보인다. 1936년, 하인리히 힘러에 충성스러운 법률가인 베르너 베스트와 라인하르트 혼은 독일 치안에 관한 공동 연구서를 출간했

---

* 프랑스의 작가, 역사가

다. 여기에 실린 나치 친위대 수장 힘러의 주장은 매우 의미심장하다. 그로부터 얼마 전에 독일 제국 내에서 하나로 통합된 '독일 치안'의 총책임자로 등극한 하인리히 힘러에 따르면, 독일의 역사는 너무나 혹독하고 혼란스러웠으며 독일 국민은 언제든지 기습적으로 쳐들어올 수 있는 적들로 둘러싸여 있었지만, 이를 방어할 수 있는 능력은 전무했다. 왜냐하면 독일 국민은 극도로 분열되어 있었으며, 중세 끝 무렵 이후론 지리멸렬한 게르만인을 혹독하게 통제할 수 있는 유일한 자들인 깡패나 불한당 같은 군인이나 관리 들 외의 다른 유형의 인물을 길러낼 만한 여유가 없었기 때문이다.

"우리 독일인들은 이 점에 있어 명철해야 한다. 우리나라에는 게르만 민족의 다른 국가들처럼 품위 있는 기사나 신사 들이 존재했던 적이 없다. … 그런 유형의 인간을 길러낼 수 없었다. 그렇게 하려면, 외세의 침입 없이 수 세기 동안 평화가 지속되어야 한다. … 그러던 우리 독일인은 어느 날 갑작스럽게 통제 사회로 내던져졌다. 명령과 규율로 통제되는 사회에서 우리는 어쩔 수 없이 관리와 군인이라는 두 가지 유형의 인간밖에 길러낼 수 없었다."[1]

1933년, 다행스럽게도 모든 것이 변화했다. 천우신조로 히틀러가 권좌에 오르던 바로 그 순간부터 수 세기 동안의 분열과 나약함이 종말을 고했다. 모든 면에서 나치 시대는 게르만인이 마침내 본성에 따라, 즉 당당하고 자유롭게 살아갈 수 있게 하는 평화와 번영, 통합과 조화를 위한 역사적인 계기를 마련해주었다.

라인하르트 혼이 국가에 대해 비판적이고 더 나아가 파괴적인 관점의 역사가로서 여러 저서와 논문에서 이야기한 내용도 마찬가지였다. 국가는 근대, 즉 지배 권력이라는 개념이 군주와 백성 혹은 신민을 대립적 관계로 설정하던 바로 그 시기에 탄생했다. 여기서 신민이란 Untertan[2], 문자 그대로 '아랫사람'을 뜻하며, 라인하르트 혼은 16세기 프랑스 정치사상가 장 보댕의 문장을 프랑스어 그대로 인용했다. "한쪽은 주군, 상대편은 종복이다."[3] 라인하르트 혼은 이것을 '법적 개인주의'의 승리라고 말한다. 즉 군주라는 개인은 예속된 개인(신민)들 전체를 대상으로 절대적 지배를 한다. 그런데 국가 역시 법적 이론에 따르면 도덕적 인간, 따라서 한 개인으로 간주되기는 마찬가지다. 라인하르트 혼과 그의 동료들은 이렇게 주장한다. 즉 민법이든 공법이든 모든 법의 새로운 토대인 개인은, 예전 시대에 독일의 현실(가족, 교구, 동업조합 등 자연적 필연성에, 또한 부분이 아닌 전체에 기반한 모든 형태의 조직체) 그 자체였던 '공동체'를 사라지게 했다. 절대주의 시대의 군주 국가와 달리, 전통적 '게르만 국가'는 계몽 군주이건 아니건 절대군주나 전제군주를 알지 못했던 '공동체들로 이루어진 체제'[4]였다. 하지만 근대에 이르러 절대주의 괴물이자 전제군주제의 선봉장인 프랑스 국왕 루이 14세가 승리를 거듭하고 명성과 영향력을 확대함에 따라 중앙집권적·관료주의적이고 경직된 재앙적 프랑스식 국가 모델이 게르만 영토 안으로 스며들었고, 예전의 그 행복했던 시대는 사실상 끝나고 말았다.

독일의 본질 및 삶에 대한 이러한 변질과 왜곡에 대항하기 위해 나치 친위대 단체와 긴밀한 관계에 있던 법률가들은 본원적인 독일 공동체로의 회귀를 주장했다. 본원적 독일 공동체에 가장 근접한 형태는 교회의 행동과 로마법의 도입으로 한층 더 강화된 근대 프랑스식 정치체제가 게르만 본래의 파라다이스를 끝장내버리기 이전인 중세에서 찾아야 한다고 말했다. 이제는 국가사회주의적 '민족공동체Volksgemeinschaft'가 개인 지배의 시대를 끝장낼 차례였다. 여기서의 개인은 군주라는 개인, 국가라는 개인뿐만 아니라 이기적이고 고독한 시민으로서의 개인들까지 포함한다.

법과 게르만인에 대한 공동체적 개념으로의 회귀는 우리 모두의 자유를 확실히 보장할 수 있도록 하는 전제 조건이다. "공동체의 원리는 군주 주권 국가의 개인주의 원리와 정면으로 대립한다.

그러므로 이제부터는 통치하는 게 아니라 … 지도할 뿐이다."[5]

'지도führt'하는 자는 지도자, 곧 총통Führer이다. 히틀러는 서민 출신으로 자연과 역사의 법칙을 잘 알고 있어서 독일 국민이 바라는 것을 결정할 수 있다. 그렇기에 그가 그 임무를 수행한다. "아돌프 히틀러는 주권 군주가 아니라 지도자다. 따라서 백성을 거느리는 게 아니라 자기를 따르는 동지들을 지도할 뿐이다."[6] 절대주의 시대에서 비롯된 오래된 군주와 백성 간의 대립 관계는, 지배 관계 혹은 정치적 예속 관계와는 절대로 함께할 수 없는 지도자와 동지Führer-Genosse 관계 앞에서 힘을 잃는다. "바로 그를 통해 공동체의 의지가 형성된다. … 따라서 그는 독재자가 아니다. 그가 결정하는 것은 공동체 정신에서 나온 것이기 때문이다."[7]

(독일 국민들에게) 정치적으로 타당한 것은 행정 분야(공무원[8])에서도 경제 분야(직원이나 종업원)에서도 타당하다.

1933년 '범국가적인 혁명'의 시기에 강력한 공동체 정신이 회귀함으로써 게르만인들은 삶과 행동의 모든 측면에서 게르만 고유의 자유를 되찾을 수 있었다. 게르만인들은 군주 시대로부터 계승된 '정부'의 추상적인 엄격함에 순종할 필요가 없어졌으며, 자기들의 의지를 대신 표현하는 총통의 결정을 통해 국민주권에 전적으로 참여할 수 있게 되었다. 민족공동체Volksgemeinschaft에서 출발

하는 곳이라면 어디든지 이제는 더 이상 통치하지 않고 지도할 뿐이다es wird geführt.[9]

경제 분야에서 이것은 1937년에 제작된 파이트 하를란 감독의 영화 《지배자》[10]에 잘 나타나 있다. 이 영화에서 배우 에밀 야닝스는 클라우센이라는 회사의 나이 든 사장 역할을 맡았다. 이 상류층 출신의 모범적인 경영자는 참된 지도자Führer 상을 대변하는 인물이다. 영화가 끝날 무렵 그는 클라우센 공장을 '민족공동체Volksgemeinschaft'에 넘겨주기로 결심한다. 탐욕스러운 기생충들, 곧 닥쳐올 그의 죽음을 초조하게 기다리는 후안무치의 맹금류 같은 가족 구성원들 중 하나가 아닌 공장 노동자 중 한 사람이 사장 직위를 물려받게 될 것이다. 클라우센 공장에서는 모두가 지도자geführt이며, 따라서 모두가 자유롭다. 모두가 '경영협동체Betriebsgemeinschaft'의 이익을 위해 일한다는 점에서 그렇다. 이 경영협동체 역시 민족공동체Volksgemeinschaft의 이익을 위해 운영됨은 물론이다. 이 점은 마티아스 클라우센의 여러 차례 감동적인 독백에 잘 나타나 있다. 이 영화의 각본은 영화감독 프리츠 랑의 첫 번째 아내이자 정치적 성향이 뚜렷했던 시나리오 작가 테아 폰 하르보우의 작품이다. 프리츠 랑은 결국 망명의 길을 택했으나, 그녀는 평생토록 독일을 떠나지 않았다.

클라우센이라는 기업은 제3제국 시기에 주로 경영협동체 Betriebsgemeinschaft라 불리던 것, 즉 '기업 내의 고용주 및 노동자 공동체'의 전형이라 할 수 있다. 계급도 계급투쟁도 없는 '민족공동체Volksgemeinschaft'가 정치 분야에 해당한다면, 그것을 경제 분야에서 실현한 것이 바로 경영협동체Betribsgemeinschaft인 것이다. 기업에는 계급적인 적수들이 아닌 동지적 형제들만이 존재한다. 여기서는 기업주와 부하 직원, 이 모두가 공동의 이익, 즉 민족공동체Volksgemeinschaft, 게르만 민족, 독일 제국의 이익을 위해 자유롭고 즐겁게 일한다. 유대인의 독트린인 마르크스주의 시대는 이제 그 수명이 다했다. 따라서 독일 국민의 본원적이고 자연발생적인 단결과 통합을 거부하고 파괴하려는 자는 오직 노동조합 운동가나 좌파 이념가, 즉 거짓과 분열의 선동가들뿐이다.

이처럼 독일 제국Reich은 모든 면에서, 그리고 모든 분야에서 자유가 우선시되는 시대다. 지도자, 즉 총통Führer은 독재자가 아니며 전제군주는 더욱더 아니다. 그의 인성, 인생 역정, 행동을 보면 그는 게르만의 자유를 상징하는 인물이다. 그는 연장자의 권리나 출신 배경, 또는 행정명령이나 교회 법령에 의거하여 명령을 내리지 않는다. 그가 자연과 역사의 법칙을 누구보다도 잘 알고 있으며, 따라서 독일 민족을 수호하고 발전시킬 수 있는 최적의 인물이기 때문에 명령을 내리는 것이다. 군사, 준군사, 정치, 경제, 민간 등 모든 분야에 존재하는 수많은 '지도자Führer'들 역시 자연으로부터 선택받은 자, 타고난 재능이나 능력으로 선정된 자들이다. 이런 지도자를 따르는Gefolgschaft 자들은 자유를 누리는 자들이다. 왜냐하면 지도자의 명령은 게르만 민족의 심오한 의지와 운명적 필연성을 표현하는 것이기 때문이다.

1980년대에 역사학자 디에터 레벤티슈는 제3제국이 로마제국 또는 프랑스 색채가 짙은 '행정제도Verwaltung'를 점차 포기하고, 그 대신에 유연하고 선도적인proactive '인력 지도·관리 Menschenführung'[11]의 시대, 즉 매니지먼트 시대로 단호하게 방향을 틀었다는 점을 제대로 파악하고 지적했다. 기존의 행정제도 Verwaltung는 군주 국가 및 개인의 시대, 자신이 결정하거나 승인하지 않은 법규에 순응하는 개인들의 시대, 이제 효력이 다한 그 시대에 속한 것이다. 이 행정제도Verwaltung는 가장 경직된 규범, 보편적이고 성문화된 그 법령만이 버팀목 노릇을 할 수 있던, 세상 온갖 잡다한 민족들이 몰려든 하수구였던 로마제국, 그리고 교황의 절대권력, 프랑스의 전제군주제, 이 세 가지로부터 계승된 매우 통탄스러운 유산이다. 그와 달리 '인력 지도·관리Menschenführung'는 (행정조직이나 기업체 등의) 구성원 공동체가 사전에 명령이나 결정을 자유롭게 승인 및 수용했다는 점을 전제로 한다. 그러므로 구성원들은 자유롭게 참여하고 일할 수 있는 것이다. 이처럼 제3제국은 전제군주 체제가 아니며, 제3제국의 법률가 중 한 사람인 한스 프랑크가 주장한 대로 게르만의 자유를 완성하는 '국가사회주의 법에 기반한 국가'다.

1933년 이전의 기존 행정제도Verwaltung 체제는 국가, 군대, 사법부 등 경직되고 기계적인 조직에 대한 독일 백성들의 예속을 공고히 하는 것이었다. 그러나 '인력 지도·관리Menschenführung'라는 매니지먼트 시대는 누구나 안내와 지도geführt를 받으며, 게르만 민족의 심층적 의지를 가장 잘 이해하고 실행할 수 있는 인간이자 게르만 민족이 자기 본성에 거스르지 않고 살아갈 수 있게 하는 인물인 지도자Führer의 의지와 자유에 자유롭고 능동적으로 참여할 수 있도록 보장한다. 이것은 국가사회주의 공동체라는 차원에서뿐만 아니라, 좀 더 구체적이고 현실적으로 기업체나 일상생활에서도 동일하게 적용될 수 있다.

라인하르트 혼은 글을 마치면서 이렇게 만족감을 표한다. 제3제국은 공동체와 자유를 통해 절대주의 시대로부터 계승한 현재의 국가를 와해했다. 1933년부터 1945년까지 동료들이 국가, 국가의 필연적인 변이와 불가피한 변형에 관해 논했던 것에 언제나 변함없이 뜻을 같이했던 라인하르트 혼은 나치 시대가 종결된 이후에도 자신의 신념을 포기하지 않았다. 국가라는 악덕은 프랑스의 루이 14세, 그리고 프로이센의 군인왕 프리드리히 빌헬름 1세 시대 이래로 게르만 민족이 행복한 삶을 자유롭게 누릴 수 있도록 도와주기는커녕 억압하고 예속화했다. 1945년 이후, 매니지먼트 분야로 직종 변경한 법률가이자 나치 친위대 고위직 출신으로 꽤 오랜 기간 활동하는 동안에도 앞에서 언급했듯이 라인하르트 혼은 자기주장을 되풀이했다. 그런데 독일 제국이 무조건 항복한 뒤로 '민족공동체Volksgemeinschaft'라는 주제가 더 이상 이슈가 되지 못했기에 이제부터는 기업체와 협력자의 공동체가 자유와 창의성 그리고 자아실현을 위한 유일한 장이 되었다.

4장
'인적자원' 관리

영어 '매니지먼트'에 상응하는 독일어이자 '게르만화化'한 용어를 멘슌퓌룽Menschenführung이라 한다. 멘슌퓌룽, 즉 '인력 지도·관리' 문제에 관한 나치 법률가들의 이론적 연구는 어떤 야망 혹은 강박관념과 떼려야 뗄 수 없다. 그것은 바로 독일과 '민족공동체 Volksgemeinschaft'를 위해 민족을 통합하고 함께 노동함으로써 '계급투쟁'을 종식해야 한다는 생각이었다. 인간 집단이 개인들로 구성된 사회이자 계급 갈등으로 점철된 사회라는 사고는 프랑스 혁명가들과 그들에게 영감을 준 자들(대표적으로 장 자크 루소), 그리고 카를 마르크스를 비롯한 독일 또는 러시아 출신 유대계 볼셰비키들로부터 유래된 잘못된 생각이라고 나치는 주장했다.

베를린의 템펠호프 지구에서 성대하게 거행된 1933년 5월 1일 노동절 기념행사는 계급투쟁의 종식, 그리고 앞으로 독일의 생존을 위한 투쟁에서 나타날 단합된 '민족동지Volksgenossen' 사회의 도래를 선포하는 자리였다.

나치가 세계와 역사를 보는 관점은 암울했다. 그들에게 삶이란 자연, 온갖 질병들, 다른 민족이나 인종과의 끊임없는 투쟁이었다. 이러한 사회적 진화론의 담론은 거듭되는 트라우마로 극심한 타격을 받은 제3제국 시기 독일에서 더욱 과격해졌으며 도처에서 되풀이되었다. 독일 국민들은 1871년부터 1914년까지의 너무 빠르고 급작스러운 현대화, 그다음으로는 세계대전(1914년부터 1918년 혹은 1919년까지) 및 패배, 1918년부터 1923년까지는 내전에 버금가는 내분 사태, 1922년부터 1923년까지의 초인플레이션, 그리고 1929년에 시작된 또 한 차례의 대규모 경제·사회·정치적인(문화적이고 심리적이기도 한) 위기를 겪어야 했다. 이런 상황에서 사방의 적들로부터 늘 위협당하고 있다는 독일 국민의 전통적인 강박관념 혹은 피해 의식이 수면 위로 떠올랐으며, 나치는 불안감을 자아내는 한탄 조의 연설로 자국민의 공감과 반향을 불러일으켰다.

나치의 연설은 한탄하고 하소연하는 것으로 그치지 않았기에

청중들의 관심과 신뢰를 얻을 수 있었다. 나치는 인종주의와 우생학이 뒤섞인 사회적 진화론의 논리, 그 당시 전적으로 인정받았던 그 논리를 토대로 '해결책'을 제시했다. 독일 국민이 이와 같이 적대적인 세계에서 살아남기 위해서는 혹독함Härte과 건강함Heil을 결합하고 민족동지들을 가능한 한 최대의 '성과를 낼 수 있는 Performant' 인간으로 만들어야 한다는 것이다. 그 시대에 흔히 사용되었던 라이스퉁스페이히Leistungsfähig라는 단어는 '성과를 내는'이라는 의미뿐만 아니라 '생산성' 혹은 '수익성 높은'이라는 뜻을 포함하고 있었다. 라이스퉁Leistung이라는 말도 행동, 즉 '무엇을 행하다'라는 뜻과 함께 '많은 것을(생산성) 강도 높게(수익성) 해내다'라는 의미를 갖고 있었다. 노동과 마찬가지로 행동Leistung 역시 민족이라는 문제로 귀결되었다. 심리학의 최고 권위자이며 민족 문제 이론가였던 루트비히 페르디난트 클라우스 교수는 유명한 저서 『민족과 영혼』[1]에서 바로 그 점을 지적했다. 여기서 그는 오직 게르만인만이 행동, 노동, 성과형 인간Leistungsmensch이라고 말한다. 게르만인을 제외한 타민족들은 자신의 구원이나 일용할 양식을 타인, 실재하지 않는 초월적 존재 또는 영생이라는 모호한 개념으로 이상화된 저 자신의 죽음에서 찾으려 한다. 반면에 게르만인은 자신의 생존을 보장하기 위해 자기 자신의 존재를 부둥

켜안고 자연을 변형시킨다. 이와 같은 담론은 나치 선전부에서 제작된 수많은 반유대주의 영화에 줄기차게 등장했다. 이런 맥락에서 유대인이라는 구제 불능의 동방인들은 독일 제국 군대가 승리를 거둔 지역 곳곳에서 독일 점령군에 의해 노동에 투입되었다. 게르만인, 그 '인류의 프로메테우스(히틀러를 가리킨다)'는 세계의 대장장이요 모든 문화, 농업, 산업의 창조자였다. 그런데 이것은 민족의 문제일 뿐만 아니라 시대적인 문제였다. 1932년에 나온 책 『노동자』에서 에른스트 윙거는 도시와 산업사회에 집단을 이루어 살아가는 새로운 인간 유형의 출현을 확인하고 이를 크게 환영했다. 윙거는 이 새로운 인간 유형이 산업혁명에서부터 시작해 세계대전, 계획경제 및 '총동원령'으로 더욱 강화된 대규모 생산구조의 영향을 받아 마침내 귀족층과 부르주아 계층, '즉 사회 조직의 가치, 원리, 목적으로서의 개인들'을 대체했다고 주장한다. 현대사회란 결국 불과 강철의 시대, 즉 (1차 세계대전 당시) 참호 속의 병사, 공장 노동자, 거리를 배회하는 레저 산업의 소비자 들과 같은 '새로운 인간'을 주조하는 용광로라는 것이다.

향후 에른스트 윙거는 나치즘과 여러 면에서 거리를 두게 되지만, 그가 옹호했던 '보수혁명'은 의미상 나치즘과 접점을 이루는 부분이 있다. 즉 물질, 교환, 돈의 내재성으로 환원되어버린 완벽한 환멸의 시대에 개인은 자체적으로 아무런 가치가 없다(혹시 영웅이라는 형태로 등장한다면 모를까). 독일인은 자신에게 생명을 주고 생존을 보장하는 집단인 '민족공동체Volksgemeinschaft'를 통해 자신의 의미와 존재 가치를 획득했다. 국민적 혹은 민족적 영원성을 위한 '제로 개인individual zero'의 노동만이 개인을 살아갈 가치가 있는 존재로 만들어준다는 것이다.

나치, 그리고 그들과 감수성을 공유하는 모든 이들은 게르만인을 '공동체Gemeinschaft' 및 '노동Arbeit'의 인간이라 규정했다. 따라서 물건(예를 들어 무기, 음식물 같은 것들)과 아이들을 '생산'하여 민족공동체Volksgemeinschaft로부터 제공받은 것(유아 돌봄, 아이들의 교육 등)을 다시 민족공동체Volksgemeinschaft에 '반환'하는 것, 나아가 백 배로 되돌려주는 '성과'를 내는 게 관건이었다. 필요하다면, 게르만인의 천재성이 빚어낸 또 다른 탁월한 작품인 화학을 이용하여 '성과'를 증폭해야 한다. 실제로 나치 시대의 노동자와 병사들에게는 페르피틴이라는 알약 형태의 메스암페타민*이 대대적으로 배급되었다. 이를 복용함으로써 그들은 수면 시간을 줄이고 정

---

* 강력한 각성 효과를 가진 물질로 높은 의존성과 정신 분열·망상을 유발할 수 있어 많은 나라가 마약류 관련 법률로 단속하고 있다.

신적·신체적인 집중력과 지구력을 증대시킬 수 있었다.

　개인에 대한 이러한 견해(개인은 아무것도 아니며 그가 속한 집단
인 민족이야말로 모든 것이기 때문에 개인은 그 자체로 존재할 수 없다는
사고)는 공리주의적인 동시에 인간을 사물화하려는 태도였다. 이
러한 관점은 각각의 개인을 사물 혹은 대상으로 변모시킨다. 그렇
기에 개인은 살아가고 존재할 수 있는 권리를 획득하기 위해서는
유용한 존재가 되어야만 한다. 이렇게 하여 게르만인 개인은 도구,
자원(인적자원Menschen-material), 그리고 요소(생산, 성장, 번영을 위
한 요소)가 되었다.

　나치 인종주의는 또한 우생학이었다. 좋은 혈통과 피부색을 가
졌다고 해서 모든 것이 충족된 것은 아니었다. 생산 및 재생산의
도구로써 완전무결하게 이용 가능해야 하기 때문이다. 당시엔 산
전 유전자 검사가 존재하지 않았으며, 아직은 임상 진단의 시대
였다. 유전병 환자라는 진단을 받은 이들은 모두 생식 사이클에
서 배제되거나(1933년부터 1945년까지 이루어진 강제 불임 시술은 대
략 40만 건에 달했다), 심지어 살해당했다. 전쟁에 돌입한 1939년

부터 시작된 T4 작전*과 그 후 계속된 안락사 정책으로 1945년까지 약 20만 명이 목숨을 잃었다. 이처럼 반인류 범죄와 대량 학살은 불충분하고 결핍된 것으로 여겨졌던 '게르만'의 바이오매스**에도 큰 타격을 입혔다. '성과를 내지 못하는, 생산성이 없는, 수익성이 없는 존재들leistungsunfähige Wesen'은 '살아갈 가치가 없는 존재lebensunwürdige Menschen', '인간 형상을 한 속이 텅 빈 껍데기leere Menschenhülsen'에 불과하므로 '독일인의 유전 형질Deutsche Erbmasse'에서 완벽하게 배제되어야 했다. 의사들도 그런 생명정치biopolitique 공학적, 또는 나치 법률가들 식으로 표현하자면 '생태bionomique' 공학적 사업에 별다른 거리낌 없이 동참했다. 그리하여 이들에게 있어 보살펴야 할 진료 대상은 개인이 아니라 '민족공동체Volksgemeinschaft'라는 '신체'였으며, 개인들은 그에 소속된 구성원일 뿐이었다.

이와 같은 나치의 생물학적 프리즘에 비추어 보면, 이민족은 열등하거나 위험한 존재가 될 수밖에 없었으며 독일인 역시 자신의

---

* 우생학에 기반한 나치 독일의 장애인 안락사 정책이다. 작전의 명칭이 그와 같이 붙은 까닭은 본부가 베를린의 티어가르텐Tiergarten 4번가에 위치해 있었기 때문이다. 1939년 9월부터 시작된 학살은 공식적으로 1941년 중단 명령이 내려졌지만, 그럼에도 계속 자행되었다.

** 일정 지역 내의 동·식물 총량을 뜻하는 생태학 용어

우월성을 입증해야 하는 처지에 놓였다. 1945년 3월 히틀러는 이제 독일이 전쟁에서 패했으므로, 열등함이 입증된 이상 향후 독일인 전체가 절멸될 가능성이 높아졌다고 단도직입적으로 말했다.

사회적·생물학적·의학적 엔지니어링은 '성과를 내지 못하는 인간' 및 '살아갈 가치가 없는 존재들'뿐만 아니라, 떠돌이 부랑자, 몽상가, 온갖 종류의 괴짜들, 또는 알퐁스 도데의 시 '숲속의 군수님' 속 인물과 같은 '사회적 일탈자', 즉 존재해봐야 '민족공동체 Volksgemeinschaft'를 위해 '수익을 창출하지' 못하는 자들에게 정면으로 타격을 가했다. 1936년부터 경찰과 친위대 주도로 이루어진 수차례의 작전들에 의해 나태한 자로 간주된 수천 명이 검거되어 공사장에 투입되거나 강제수용소로 이송되었다.

이처럼 독일인은 병자나 게으른 자가 되어서는 안 되고, 새로운 권력에 항거하는 자가 되어서도 안 되었다. 번식자로서 건강한 신체를 갖고 있어야 하며, 위생과 운동으로 튼튼한 몸을 지키고 단련하여 언제든지 전쟁터나 일터로 투입될 수 있어야 했다. 앞에서도 지적했듯이 생식-투쟁-지배 이 세 가지 조합은 게르만인의 역사적인 임무요 생물학적 사명이었다. 노동을 통한 생산은 이러한 투쟁의 여러 형태 중 하나였으며, 경제적 생산은 앞으로 치러야 할 전쟁에 집중되었다. 이르면 1940년으로 예정된 전쟁에 대비해 독일 경제는 1933년부터 전시경제체제에 접어들었으며 1936년에는 더욱 본격화하였다. 생산의 방향 전환은 질적이면서(무기와 그 부품 생산으로의 전환) 동시에 양적인(많은 양을 생산해야 했기 때문이다) 것이었다. 중공업, 화학 산업, 전기 부품 업체에서 일하는 독일인 노동자들에게 기대하는 바는 신체적·시간적 투자에 비해 너무 막대했다.[2] 생산 노동자들의 엄청난 노력에 상응하는 보상이 제공되어야 한다는 것을 나치당과 정부의 고위 관계자들은 잘 알고 있었다. 사회적·경제적인 원인으로 인한 정치적 혁명이 언제든 터질 수 있다는 위험성은 나치 지도부Führung를 괴롭혔던 여러 골칫거리 중 하나였다. 하인리히 하이네가 노래했으며 사회주의 성향의 여성 화가 케테 콜비츠가 찬양했던 슐레지엔의 직조공 반란*에서부터 1848년 혁명**, 1918년 혁명***에 이르기까지의 모든 혁명들

---

* 자본주의적 착취와 봉건적 수탈이라는 이중의 고통에 시달리던 슐레지엔 지방의 직조공들이 대대적으로 일으킨 폭동. 독일 프롤레타리아트 노동운동의 시초를 이룬 사건으로서 노동자들에게 많은 영향을 끼쳤다.

** 파리의 2월 혁명에 영향을 받은 독일 자유주의·민족주의자들이 주도한 혁명. 특히 독일은 감자 흉작과 물가 상승과 같은 경제 위기가 혁명의 토대를 마련하기도 했다.

*** 독일의 패전이 거의 확실해지던 1918년. 수병들의 킬 군항 반란을 시작으로 제국에 불만을 품은 노동자와 시민이 가세하여 일으킨 혁명이다. 혁명의 결

은 경제적인 원인에서 비롯되었다. 이러한 사태를 막으려면, 어떤 형태의 기아 사태(앞에서 언급한 모든 사례에서 결정적인 원인으로 작용했다)나 노동에서의 과로를 철저히 방지해야 한다. 그뿐만 아니라 독일 국민에게 자신의 노동이 헛된 게 아니라는 점을 알려주어야 한다. 노예제 같은 예속은 다른 나라 사람들에게 해당하는 것일 뿐이다. 각종 연설, 영화, 화보, 전시회마다 '볼셰비키의 낙원'을 대규모 노천 굴라크****로 묘사했다. 그곳에서 새로운 무지크*****인 소비에트 '시민'들은 끔찍한 나우트 채찍질까지 당해가면서 생산할당량에 짓눌리고, 1917년 이후 소련을 지배하는 새로운 귀족층인 '유대인' 노멘클라투라******의 이익만을 위해 운하, 공장, 댐을 건설하느라 죽어가고 있다고 이야기했다. 나치 선전부가 줄기차게 흔들어대던 공산주의 허상은 1933년 이후 독일인들의 정신 구조에 큰 영향을 끼쳤다. 독일인 입장에서 봤을 때, 자기 나라 독일에서는 일을 많이 하고 있을 뿐이지만 다른 지역에서는 끔찍한 일이 벌어지고 있음을 보여주며 증명했던 것이다. 대체로 그렇듯이

과 빌헬름 2세의 퇴위로 제정은 무너졌고 바이마르 공화국이 수립되었다.

**** 소련의 강제노동수용소

***** 옛 러시아의 농민

******소련의 특권적 지배 계층

언론과 정치적 담론은 오래된 문화 전통이나 뿌리 깊은 편견을 풀어서 이야기할 뿐이다. 당시의 독일 언론 및 정치적 담론은 소비에트 독재를 가리켜, '아시아' 혹은 '동방'이 오랫동안 품어온 자유에 대한 증오가 오늘날 발현된 것이라고 표현했다. 예전에 헤겔은 이미 동방을 노예제의 본고장이며(모두가 예속 상태에 놓여 있으며, 오직 페르시아 왕이나 이집트 파라오만이 자유로운 존재였다), 독일은 자유의 본산지(여기서는 모두가 법에 의해 자유를 보장받는다)라고 말한 바 있었다. 나치의 영화와 언론뿐만 아니라 백만 명이 넘는 관람객들이 방문했을 정도로 흥행에 성공한 1942년의 전시회 《소비에트의 낙원》에서도 독일의 전통적 문화와 사고에서 유래한 그 진부한 주제들이 낯 뜨겁게, 그리고 매우 저속하게 펼쳐지고 있었다.

소비에트 체제의 노예들에게는 노동의 자유가 없으며, 이들은 민중의 적인 비인간적 체제에 예속되어 있다. 반면에 독일 노동자들은 자신에게 부여된 자유를 구현하고 실현하는 주체로서 국가 재건 사업에 동참하고 기여하고 있다는 사실에 행복감을 느낀다. 하지만 갖가지 톤으로 변주되고 반복된 이 후렴구에 설득당하는 자는 아무도 없었으며, 체제 고위층마저도 자신들의 프로파간다에 속아 넘어갈 리 없었다. 이들은 폭동이나 혁명을 피하기 위해서는, 그리고 1918년의 빌헬름 2세와 같은 결말을 사전에 방지하기 위해서는 독일 제국의 노동자들에게 구체적인 만족감을 제공해야 한다는 점을 확실히 인식하고 있었다. 역사학자 괴츠 알리의 표현대로 '독일인들을 매수'[3]해야 한다는 것이다. 이는 '게르만' 백성들에게 직접적으로 도움이 되는 사회 및 조세 정책으로 나타났다. 그리하여 세금은 감소하고 국가 보조금은 증가했다. 그런데 이것을 위한 모든 자금은 반체제 인사나 추방된 유대인으로부터 압수된 재산, 그리고 앞으로 벌어질 전쟁에서 약탈하게 될 전리품으로 충당될 터였다. 이렇게 독일 제국은 재정적·사회적·경제적으로 일종의 '채무 상태로' 연명하고 있었다. 앞으로의 전시경제에 투여될 자금, 독일인 노동자들에게는 불평불만 없이 노동에 매진할 수 있도록 독려하기 위한 자금을 미리 당겨쓰고 있었던 것이다.

독일 제국 정치 지도자들에게 있어 노동 분야와 경제적인 삶, 정치적 일상에서의 독일 국민의 합의는 절대적인 관심 대상이었다. 마지막 순간까지도 그들의 변함없이 명백한 관심사는 국민적 동의에 더해 지지를 끌어내는 것이었다. 특히 러시아의 1917년 혁명과 독일의 1918년 혁명의 역사에 비춰볼 때, 보안 기관의 정보 수집이나 탄압은 합의와 결집을 도출하기 위한 커다란 정책의 보조 역할밖에 할 수 없지 않았던가? 대중의 불만족 앞에 권력은 결코 오래 버텨내지 못했다. 러시아의 차르 같은 강력한 권력도, 독일

호엔촐레른 왕가처럼 사회적·문화적으로 깊이 뿌리내린 체제의 권력도 마찬가지였다. 게다가 비스마르크가 집권하는 동안, 프랑스가 1870년 프로이센과의 전쟁에서 패배함에 따라 제2제정이 붕괴하고 1871년 파리 코뮌이 수립된 것처럼, 전쟁에서의 패배와 혁명의 연쇄 작용은 권력자들을 두렵게 했다. 이제는 모든 게 명백해졌다. 권력의 영속성은 곤봉과 확성기, 감시탑과 프로파간다의 조합만으로는 확실히 보장받지 못한다는 것. 국민을 노동, 전투, 살육에 끌어들이고 동기부여를 하기 위해서는 더 많은, 훨씬 더 많은 게 필요하다는 것을.

경제 분야에서는 국민인 노동자들에게 동기부여하고 생산 공동체를 조직하기 위해 혜택과 보상을 약속하는 매니지먼트, 즉 인력 지도·관리Menschenführung 프로그램을 수립하는 것이 긴급하고 필수적이라는 주장이 대두되었다.

그런데 여기서 국가사회주의의 '사회주의' 색채 혹은 정서가 상당히 유익한 것으로 나타난다. 히틀러도 처음에는 이 점을 등한시했다. 히틀러는 오히려 국가사회주의 독일노동자당, 즉 나치 진영 내에서 국가사회주의 프로젝트를 진정으로 신봉하는 자들 모두를 정치적으로 배척했으며 물리적으로 제거했다. '국가사회주의'는 1919~1920년 바이에른에서 탄생하던 당시부터 사회주의 또는 공산주의 인터내셔널에 영향을 받은 모든 이들을 다시금 국가로 끌어들일 목적으로 만든 정치적 함정이요 의미론적인 속임수였다. 그렇지만 전략적인 이유로 그 약속은 독일 노동자들을 위해 유지되어야 했다. 일개 노동자가 최고 경영자로 승진하는 과정을 그린 영화 《지배자》는 아돌프 히틀러의 등장으로 정치 분야에서 이미 실현된 적이 있는 그 약속이 기업 내에서도 가능하다는 것을 보여주었다. 자연의 선택을 받은 서민 출신 하사가 자신의 재능과 업적으로 대국의 지도자가 된다. 히틀러는 끊임없이 그런 식으로 그려졌다. 마찬가지로 영화에서는 노인이 된 기업체 사장 클라우센이 탁월한 공로Leistung로 타의 모범이 된 작업장 출신 노동자에게 회사 경영권을 물려주겠노라고 선언한다.

이처럼 승진은 노력의 결과로 주어지는 보상이었다. 노동은 정치권력 또는 회사의 최고경영자에 의해 보상받게 될 것이었다. 모두가 최고 수장이 될 수는 없을지라도, 그 원칙은 모든 층위에 적용되었다. 제복 차림의 중간 간부, 현장 감독, 작업반장 등 온갖 층위의 '지도자'들이 흘러넘쳤다. 부헨발트 수용소 정문에 다음과 같은 제3제국의 유명한 구호 하나가 붙어 있다. '각자의 몫에 맞게 Jedem das Seine', 즉 각자 노력한 만큼의 보상이 돌아감을 뜻하는 이 문구는 평등보다는 공정성에 의거하여 정의를 규정한 것이었다.[4] 이처럼 이전의 독일제국Deutsches Keiserreich(1871~1918)이라는 구체제와의 단절은 명백했다. 적어도 언어상으로는 그러했다. 이제부터 승진을 보장하는 것은 출신이나 인간관계가 아니며 상속 재산이나 사회적 자본도 아니었다. 바로 능력이나 공적이었다. 1920년대부터 독일 기술자들이 미국에서 주도했던 생산성 미션의 교훈을 받아들인 것이다. 즉 노동자들을 절망에 빠뜨려선 안 되며, 무언가 꿈꿔 볼 수 있는 동기를 제공해야 한다. 과감한 테일러식 경영*의 대가이자 인간의 기계화 및 생산라인의 창시자였으며, 심지어 반유대주의 저술가요 제3제국에 매우 우호적이었던 헨리 포드는 그 비인간적 소외를 노동자 모두의 승진 가능성 및 자산의 증식 가능성으로 보상하려 했다(실제로 그는 자동차 공장 노동자들에게 T형 포드라는 자가용 보유의 꿈을 이룰 수 있게 했다).

신분의 변화, 승진, 사회적 지위 상승 같은 희망찬 미래에 대한 약속, 또는 노동자들에게 혜택이 돌아가는 조세 및 사회 정책 외에도 그들의 노고를 달래주고 즐거움을 주는, 즉 일하는 '기쁨'을 제

---

* 경영학자인 테일러가 창시한 과학적 관리 기법이다. 노동자의 움직임, 동선, 작업 범위 등 노동 표준화를 통하여 생산 효율성을 높이는 체계이다. 이는 많은 나라의 생산과 기술의 조직화 형태에 지대한 영향을 끼쳤지만, 구성원은 수동적 존재라는 전제, 기계론적 인간과 인간 노동의 비인간화, 노동조합의 부정, 인간의 감정 무시 등이 문제점으로 지적된다.

공하는 일종의 위안물을 독일 노동자들에게 선사해야 했다. 그 모델은 이탈리아에서, 더 정확히 말하면 파시스트 체제에서 찾을 수 있었다. 노동자의 여가 활동을 관장하는 이탈리아 조직 도폴라보로Dopolavoro를 모방하여 탄생한 것이 바로 '기쁨을 통한 힘'이라는 뜻을 가진 KdF이다. 이 기관은 독일 제국 전체를 관할하는, 방대한 노동자 복지 사업 조직이었다.

취지는 매우 단순했다. 생산력은 기쁨, 다시 말해 즐거움과 여가 활동을 통해 생성되는 기쁨에 의해 유지된다. 여가 활동, 즉 '레저'는 1930년대의 산업화된 유럽 각국에서 붐을 일으키고 있었다. 그 당시 프랑스 인민전선 정부는 여가 활동을 정치적인 테마로 설정했으며 정부 내에 전담 부서가 신설되기도 했다. 나치 독일에서 여가 활동은 노동과 연계되었을 경우에만 의미가 있었다. 생산자로서의 개인이 휴식을 취하고 기분전환하고 재충전하는 것은 오직 자신의 노동력을 쇄신하고 재활성화하기 위함이었다. 바로 그런 까닭으로 Kdf는 제3제국 유일의 노동조합이었던 독일노동전선DAF에 소속된 하위조직이었다. KdF는 독일노동전선의 임무를 보조하고 지원했다. 독일노동전선은 1933년 5월 2일부터 기존의 모든 노동조합을 통폐합하여 그 역할을 대신 맡았으며, 주된 업무는 독일의 생산성 향상을 위해 조직을 재편하는 것이었다. 이처럼 유일무이한 노동자 조합의 탄생으로 계급투쟁, 기업주와 직원·노동자 간의 소모적인 갈등이 원천 차단됐다. 독일노동전선 내 여가 활동 전담 부서인 KdF의 임무는 작업장을 아름답고 쾌적하게 조성하고 노동자들의 생산력을 복원·재생할 수 있도록 하는 것이었다. 일례로 KdF는 당시 독일 제국의 갖가지 영화 포스터로 장식된 활기찬 분위기의 공장 작업장에 헤르베르트 폰 카라얀 등 당대 예술계의 거장을 초청하여 클래식 음악 연주회를 열기도 했다. KdF에 속한 부서 가운데 하나인 '노동의 아름다움SDA'은 공장 내부의 환경 미화, 직장 내 급식, 생산 현장에서의 안전, 직장 내 여가 활동에 관한 연구를 담당했다. 놀라울 정도로 현대적인 나치 시대의 복지 정책들이다! 테이블 축구 게임 같은 직장 내 오락 시설, 사내 요가 강습, 더 나아가 CHO, 즉 사내 '행복총괄책임자Chief Happiness Officer'라는 특수직이 출현하기까지는 아직 갈 길이 멀었지만, 원리나 정신은 그와 동일했다. 노동자들의 행복감과 기쁨은 성과를 내기 위한 요소이자 최고의 생산성을 위한 조건이므로 이 분야를 소홀히 여겨서는 안 된다는 것이었다.

그리하여 1933년부터 1939년, 즉 전쟁 이전까지 작업장 내 조명·환기 시설 및 노동자 영양 상태의 개선, 구내식당·휴게실·사내 도서관의 설치, 게임·스포츠 경기의 개최를 위해 공공 자금으로 2

억 라이히스마르크(현재의 화폐 가치로 환산하면, 대략 10억 유로 상당의 액수)를 지출했다. 그런데 이러한 조치들은 노동자들의 비참한 처지에 대한 진심 어린 연민에서 비롯된 것이라기보다는 그들의 생산성을 향상하고자 하는 단호한 의지의 표현이었다. 게다가 기업들 간의 경쟁은 이제 시대적인 흐름이었다. '노동의 아름다움' 부서가 내세운 원칙들을 엄격하게 적용하는 기업은 '국가사회주의 모범기업NS-Musterbetrieb'이라는 특별 칭호를 부여받는 영광을 누렸다.

변화된 직장 내 환경으로 안정감을 되찾은 노동자들은 공장이나 사무실 밖에서도 혜택을 누렸다. 이들은 바깥에서의 여가 활동으로 생산력을 증강하고, 충분한 휴식을 취한 뒤 활기 넘치는 모습으로 직장에 복귀했다. KdF 기관에서는 노동자를 위한 자연 속 트레킹, 해양 크루즈 여행, 휴양 목적으로 조성된 산이나 바닷가 리조트 시설에서의 바캉스 프로그램을 제공했다. 그중 한 가지 사례가 발트해 뤼겐섬의 대규모 바닷가 휴양지 '프로라'라는 곳인데, 총 2만 명을 수용할 수 있는 숙박 시설들이 해안가를 따라 6km에 걸쳐 늘어서 있었다. KdF에서 기획한 여행 건수는 1933년부터 1939년까지 3600만 건의 단기 여행과 700만 건의 장기 체류 여행이 있었으며, 그중 70만 건의 유람선 여행은 KdF 자체적으로 건조하거나 임차한 대형 여객선인 'KdF선' 크루즈 여행이었다. 하지만 그 '사회주의적인' 약속은 곧 한계를 드러냈다. 유람선 여행은 비용 문제로(120라이히스마르크) 사무직원이나 간부에게만 제공되었다. 평균 급여가 150라이히스마르크에 불과한 노동자들이 감당할 수 있는 수준이 아니었다. 노동자들의 주된 여가 활동은 바이에른 산지에서 보내는 며칠 동안의 휴양(그 시대로서는 적지 않은 보상이었다), 극장이나 영화관 또는 박물관 관람이었다. 1939년까지의 관람 건수는 4000만 건에 육박했다.

1936년에는 민족동지Volksgenossen 수만 명이 여가 목적으로 건설된 KdF의 올림픽촌에 머무르면서 베를린 올림픽 경기를 관람했다. 히틀러는 스포츠 경기 관람이 경쟁심을 분출케 하며 이러한 경쟁심은 신체적 건강, 생산력, 전사로서의 공격력으로 표출될 것이라는 내용의 연설을 했다.

독일 노동자들을 위한 최고의 보상은 'KdF 바겐(자동차)'이었다. 이는 페르디난트 포르셰 박사가 설계하여 1938년에 생산되기 시작했으며, 1945년 이후에는 '딱정벌레'라는 대중적인 이름으로 불렸다. 이름 그대로 '국민차'인 폭스바겐Volkswagen은 제3제국의 지켜지지 못한 수많은 약속 가운데 하나였다. 전쟁으로 인해 1939년부터 폭스바겐 생산이 중단되었으며, 볼프스부르크 허허벌판에

세워진 KdF 공장에서는 미국산 지프와 유사한 군용차 퀴벨바겐이 생산되었다. 하지만 애초의 약속을 믿은 30만이 넘는 노동자들은 '기쁨을 통한 힘' 부서에 매달 일정 금액을 적립했다. 본래 계획대로 진행되었다면, 그 '국민차'는 독일 제국의 T형 포드가 될 뻔했다. 자동차가 탄생하게 된 동기가 노동자들을 위한 보상이라는 점, 독일의 자동차 산업 및 보급에 첨병 역할을 했다는 점에서 그렇다.

복지 문제, 공동체 생활공간에 대한 관심, 집단적 여가 활동의 기획 등 노동자들의 쾌적한 삶을 위한 여러 조치들은 앞으로 건설하게 되거나 다가올 '민족공동체Volksgemeinschaft'의 구성원들에게 한정된 것이었다. 따라서 타민족이나 1939년 이후 독일 제국으로 몰려든 수많은 외국인 노동자들과는 아무런 상관이 없었다. 독일 국민 중 상당수가 전쟁터로 떠나 독일 영토를 비운 사이, 자발적이건 강제에 의해서건 외국인들이 그 자리를 차지하고 있었다. 자기 영토에서 모든 이질적 요소들을 추방하겠노라고 호언장담하던 제3제국은 역설적이게도 1945년까지 1500만 명에 달하는 외국인 노동자를 받아들였다. 외국인 노동자들은 완전히 소진될 때까지 착취해야 할 에너지 자산으로 간주되었는데, 폴란드인 노동자, 동부 출신 노동자Ostarbeiter 및 강제수용소 수감자 들이 여기에 해당하였다. 생물학적으로 열등 인간으로 규정된 이 노동자들은 경제적 관점으로도 하위 인적자원 또는 인간 이하의 자원이므로 그렇게 취급해야 마땅한 존재들이었다. 따라서 이들에게는 매니지먼트 역시 불필요했다. 오히려 무자비한 탄압이 동반된 속박만이 공동체를 위하는 길이라는 견해가 대세였다.

5장
나치 친위대에서 매니지먼트로:
라인하르트 혼의 경영자 아카데미

노동의 조직화, 생산요소들의 최적화, 가장 효율적인 생산 사회, 이 문제들에 관한 연구가 제3제국에서 매우 다양하고 심도 있게 이루어졌다. 이는 긴급하고 국가의 사활이 걸린 중차대한 문제들의 해결책을 제시하기 위한 것이었다. 게다가 그 당시 독일 대학의 젊은 엘리트 그룹들이 지식과 행동, 즉 학문적 사고와 기술 관료적 실천을 결합하려 했기 때문이었다. 이들 중 수십 명은 나치 친위대 산하의 공안 기관인 보안대에 자리를 잡았으며[1], 나머지는 '특수 업무를 위해' 창설된 수많은 나치 정부 산하 기관과 에이전시로 흩어졌다. 이들은 대학 측의 정치적·인종주의적 숙청 작업으로 인해 교수, 조교수, 연구자 인력의 3분의 1이 해고되면서 1933년 4월 7일 이후 무려 수천 개의 대학 내 직위가 공석이 되었을 때, 구직의 행운을 잡지 못한 자들이었다.

라인하르트 혼은 베르너 베스트, 빌헬름 슈투카르트, 오토 올렌도르프 등 여러 사람들과 마찬가지로 이러한 테크노크라트 지식인의 전형이었다. 그의 급진적 태도뿐만 아니라 당시로서는 가장 앞선 주제였던 '국가의 점진적인 소멸'에 관한 연구 등 그의 전위적 사고들 역시 그 시대 지식인 사회에서의 대체적인 견해였다.

라인하르트 혼을 법학 분야의 요제프 멩겔레라 부를 수도 있을 것 같다. 요제프 멩겔레가 실험실에서 쌍둥이 아이들을 고문하면서 재능을 발휘하고 야망을 불태웠다면, 라인하르트 혼은 독일 공동체의 쇄신 그리고 유럽·'공동체'·'생활권'의 재편성을 위한 법률 개념을 만들어내고 분석했다. 이 두 가지는 1945년까지 그의 주요 관심사이자 연구 주제였다.

라인하르트 혼은 1904년 튀링겐에서 태어났다.[2] 그의 부친은 혼자 힘으로 부검사 혹은 검사보* 직위에 오름으로써 사법부 위계에

---

*   Amtsanwalt. 법관 자격이 없는 일반직 공무원으로서 경미한 사건을 처리하는 독일의 검찰 직위

편입할 수 있었던 자수성가형 인물이었다. 요제프 멩겔레는 라인하르트 혼보다 일곱 살 아래였다. 그는 바이에른 태생으로 기업가 집안의 자손이었다. 지금도 멩겔레라는 이름은 농업기계 분야에서 유명하다. 두 사람 모두 공통적으로 지적·사회적 야망으로 가득 찬 인물들이었다. 단정한 얼굴, 말끔한 헤어스타일, 반듯한 매너를 갖춘 것도 그랬다. 물론 책과 노트, 혹은 실험실의 작업대가 가장 선호하는 안식처이자 지칠 줄 모르는 권력 의지를 위한 가장 확실한 도구였을 터이지만, 두 사람은 인간관계 면에서도 샴페인 잔을 드는 사교 모임이나 팀원들 간의 모임에서 스스럼없이 어울릴 줄 알았다.

끈질긴 노력파였던 대학생 라인하르트 혼은 아직은 나치당에 가입하지 않았지만 가장 보수적인 민족주의 우파 성향의 학생이었다. 킬, 그다음에는 뮌헨에서 법학과 경제학을 전공하던 대학생 시절, 그는 국가사회주의 독일노동자당과 유사하나 1923년 히틀러의 뮌헨 맥주홀 폭동**에는 반대하는 반유대주의 및 반공주의

** 1923년 11월 8일 히틀러가 600명의 돌격대원을 이끌고 일으킨 폭동. 히틀러는 바이에른 주의 정치인과 유력자가 모여 있는 맥주홀을 습격하여 그들로부터 반강제적으로 쿠데타에 대한 협력을 받아냈다. 하지만 군대와 경찰의 진압으로 바로 다음 날 패퇴하고 만다. 이 사건으로 히틀러는 금고형 5년을 선고받았으나 결국 독일 극우 세력의 가장 강력한 지도자로 부상하게 된다.

단체 독일청년연합Jungdeutscher Orden의 멤버였다. 라인하르트 혼은 이 단체에서 투사·간부·이론가로서 활발하게 활동하다가 1932년 1월에 탈퇴했다. 조직의 다른 회원들과 마찬가지로 그의 야망은 현대'사회' 및 개인주의의 위험성과 퇴폐성에 대항하기 위해 전통적인 독일 '공동체'를 재탄생시키는 것이었다. 그런데 이것은 이른바 '보수혁명'의 감수성에 기반한, 그 당시 매우 전형적이고 상투적인 프로그램이었다. 그는 1933년 5월 1일 국가사회주의 독일 노동자당에 가입하고, 그 해 7월 친위대에 합류했다. 이후 나치 보안대에 편입되어 '생활공간Lebensgebiete' 전담 부서를 창설하고 지휘했다. 이 부서의 임무는 독일 국민의 다양한 생활공간(대학, 행정기관, 기업 등)을 연구하고 그곳에서 새로운 권력에 대한 적대 세력을 퇴치하는 것이었다. 그동안 라인하르트 혼은 '프랑스 대혁명 당시의 형사 전담 판사'를 주제로 한 연구 논문으로 1927년 예나대학에서 법학 박사 학위를 취득하고[3], 1934년에는 '국가에 대한 개인주의적 콘셉트 및 법인체로서의 국가'[4]를 주제로 하는 공법학 연구로 하이델베르크대학에서 교수 자격을 얻는다. 그곳에서 그는 대학 강사로 첫 강의를 했다. 여기서 가르친 학생들 중에는 그 당시 젊은 법대생이었던 한스 마르틴 슐라이어가 있었는데[5], 그는 나치 시대에 슬로바키아 경제 전반을 아리아인의 손아귀로 강제 몰수

한다는 정책을 담당한 친위대 대위였으며, 1945년부터는 기업체 대표, 그 후 1970년대에는 독일 경제인연합 회장을 역임했다.

'공동체Gemeinschaft'는 라인하르트 혼이 평생 매달렸던 주제였다. 그는 공동체야말로 '실재하고 규범적인 유일한 현실'이라고 생각했다. 또한, 국가가 민족을 만들어낸 게 아니라 민족공동체 Volksgemeinschaft가 국가를 만들어냈다고 말했다. 따라서 국가는 부차적인 도구에 불과하며, 어떤 경우에도 최상위 현실이 될 수 없다는 것이다. 라인하르트 혼은 이러한 주장을 무엇보다 더욱 강조했으며, 이것은 국가를 '민족Volk' 및 '민족공동체Volksgemeinschaft'라는 현실에 종속된 현실로 보는 히틀러를 포함해 그 당시 새로이 등장한 젊은 지도자들의 사고와 맞닿아 있었다.

라인하르트 혼은 '공동체' 및 동부 광역생활권의 재편성에 관한 수많은 학술지 기고문과 연구 논문을 발표했다. 그런데 이 두 가지 주제는 라인하르트 혼이 예전에 환심을 사려 애쓰다가 결국 1930년대 중반부터는 정치적·학문적으로 매장하려 했던 나치 법학자 카를 슈미트 역시 관심을 가졌던 것들이었다. 1936년 카를 슈미트는 자신이 직접 기획한 대규모 학술회의에서 '독일 법학계에서의 유대인과 그 풍조'[6]라는 주제로 야망을 공공연히 표출했다. 그러자 '제3제국의 계관 법학자'가 되기를 열망하는 그의 야심을 거세게 비판하는 여러 편의 기사가 친위대 기관지 〈흑군단〉에 실렸다. 기사 내용 대부분이 라인하르트 혼이 제공한 자료에 근거한 것이었으며[12], 그 목적은 카를 슈미트라는 인물의 위험성을 상관인 힘러와 하이드리히에게 알리기 위함이었다. 그런데 카를 슈미트에게 잘못이 있었다면, 그가 가톨릭 신자이자 이탈리아·프랑스의 애호가로서 사법의 원리이며 목적인 국가에 애착을 가질 수밖에 없다는 점이었다. 너무 가톨릭적이며 로마 시대 및 라틴 문화에 지나치게 경도된 데다가 매우 신학적이었던 카를 슈미트는 국내법에 있어 민족보다는 국가를 중요시하는 인물이었다. 국제법상으로도 심각하기는 마찬가지였다. 그가 쓴 글을 보면, 유럽 동부는 비오톱으로서의 '생활권Lebensraum'이 아닌 광역권Grossraum으로 다뤄지고 있다. 너무 고전적이고 법률 지상적이며 국제관계의 전통적 이론에 지나치게 매몰된 그의 공간 개념은 생물학적 공간 개념과는 거리가 멀었다. 이처럼 카를 슈미트는 급진적인 나치의 젊은 호위무사들에 비해 너무 소심하고 온건한 인물, 이미 지나가 버린 시대의 인물이었다. 그는 완전무결한 나치가 되기 위해 모든 것을 다했다. 자신의 민족주의와 광적인 반유대주의를 입증하려고 안간힘을 썼다. 심지어 전쟁이 끝난 뒤에도 나치 부역에 대한 참회의 기색을 끝내 내비치지 않았다. 하지만 그는 같은 우익 진영의 훨씬 더 급진적이며 일관적이고 야심만만한 후배들에게 압도당하고 말았다.

라인하르트 혼은 나치 보안대에서도 가장 장래가 촉망되는 간부 중 한 사람이었다. 지칠 줄 모르는 지적 에너지, 노련함, 사교성으로 그는 친위대 고위직에 더해 특급 음모가 반열에 올랐다. 이렇게 힘러와 하이드리히에게 인정받고 보호받았으나, 그에겐 적들도 많았다. 이들은 젊은 라인하르트 혼이 '독일청년연합'에서 활동하던 시절, 국가사회주의 독일노동자당과 히틀러에 대해 격렬하게 비판했던 글과 연설을 찾아냈다. 그 결과, 라인하르트 혼은 나치 보안대 지도부에서 배제되었으며(그의 업무는 강의를 하는 교수직에 한정되었다), 베를린대학 교수 및 친위대 부지 내 반제Wannsee 호숫가에 위치한 '국가문제연구원' 책임자로 임명되었다. 이 연구원의 임무는 '앞으로 다가올 대제국에 기존의 국가 제도를 어떻게 적용할 것인가'라는 문제를 국가사회주의 독일노동자당, 외무성, 독일 군대 측에서 심도 있게 고찰해볼 수 있도록 지원하는 것이었다. '어떤 조직과 어떤 형태의 개혁이 필요한가'라는 문제가 주요 쟁점이었다. 라인하르트 혼은 국가, 공동체, 에이전시, 즉 특수 업무를 위한 기관들에 관한 이론적 연구를 계속 이어 나갔으며, 비교 행정 관련 법률 분야에서 학술회의를 열고 책을 출간했다. 이러한 사업의 일환으로 그는 앞서 언급한 바 있는 학술지『제국, 인종 질서, 생활권』의 편집을 맡기도 했다.

라인하르트 혼의 연구 성과는 상관들의 기대 이상이었다. 그는 자신에게 가해지는 공격적인 음모에도 불구하고 하인리히 힘러의 보호 아래 친위대 내에서 경력을 쌓아나갈 수 있었다. 1939년에 친위대 연대장(대령급)으로 승진하고, 1944년에는 오베르퓌러(장성급)에 임명되어 전쟁이 끝날 때까지 이 계급이 유지되었다.

1945년은 동료들과 마찬가지로 라인하르트 혼도 정치적인 재앙이자 급작스러운 경력 단절이라는 위기를 맞은 한 해였다. 그는 거주지, 직업, 생활, 이 모든 것을 바꿈으로써 스스로를 재탄생시켜야 하는 처지에 놓았다. 친위대 간부들은 '잠적'의 기술을 그때그때 상황에 따라 매우 다양하게 구사했다. 그런데 라인하르트 혼은 문자 그대로 '잠적'한 적은 없었다. 요제프 멩겔레는 산으로 올라가 숨어 지내다가 남아메리카로 도피했으며, 이름을 수차례나 바꿨다. 라인하르트 혼의 다른 나치 동료들 역시 위장하고 도피 생활을 하는 데 막대한 에너지와 창의력을 쏟아부었다. 그중 한 예로 젊은 독문학 박사이자 학자 한스 슈나이더가 있다. 친위대 대위이자 '아넨에르베'라는 나치 고고학 연구 기관 소속 연구원이었던 그는 아무런 흔적도 남기지 않은 채 사라져버린다. 그의 아내는 그가 전쟁터에서, 또는 1945년 독일을 초토화한 대대적인 폭격으로 사망했으리라 추정하고 실종 신고를 했다. 그동안 한스 슈나이더는 실제 실종자의 신분증을 구하여 그 사람 행세를 하면서 인생을 다시 시작했다. 이미 박사 학위를 갖고 있었지만, 박사 학위 논문을 다시 썼다. 그뿐만 아니라 서류상으로 전쟁미망인이 된 자기 아내와 다시 결혼했다. 그는 거침없이 앞으로 나아갔다. 교수 자격증을 취득하고 대학교수가 되었다. 독일 현대문학 연구에서 권위를 인정받는 학자이자 아헨공과대학 학장이었던 한스 슈베르테 교수는 1995년에 이르러서야 정체가 드러났다.

라인하르트 혼은 그 어떤 술책도 구사하지 않았다. 해외로 도피하지 않았으며, 신분을 바꾸지도 않았다. 과거 보안대 동료들의 도움으로 '루돌프 해벌라인', '옹켈 루디'라는 이름으로 신분증을 위조하여 5년간 두 딸을 위해 도피 생활을 한 게 전부였다. 그는 1950년부터 실제 이름을 사용했다. 클라우스 바르비*를 비롯한 많은 사람들처럼 라인하르트 혼 교수는 전혀 변하지 않은 채 전직에 성공했다. 전쟁 후에도 예전과 변함없는 삶을 살아갔다. 해외로 도피

---

* 게슈타포 장교로 활동하며 레지스탕스를 잔혹하게 고문하고 살해한 것으로 악명 높다. 리옹의 도살자라 불렸으며 14,000명 내외의 레지스탕스를 죽인 것으로 추정된다. 전후 남미로 도피하였고 1983년에 이르러서야 체포된다.

한 멩겔레나 아이히만 같은 자들을 논외로 하면, 실패한 이들은 오히려 갖은 수를 써서 직업과 삶을 바꾸려 했던 자들이었다.

독일 제국이 종말을 맞게 되자 그는 가장 먼저 직업, 직위, 사회적 지위가 삽시간에 사라져버리는 경험을 한다. 독일 제국의 무조건 항복은 한 개인의 사회화와 직업과 관련 있는 모든 것을 파괴했다. 나치 친위대와 보안대가 사라졌고, 보안대에서의 직무와 상관 하인리히 힘러의 지원 덕택에 정교수 직위를 갖고 있던 베를린 대학에서의 강의도 잃어버렸다. 사회 전반적인 혼란 속에서 라인하르트 혼은 자취를 감추었고, 연합군 또는 독일 사법기관의 추적을 피해 도피 생활을 했다. 동부전선에서 살인 특무 부대를 지휘한 적이 없었기에 그는 일급 요주의 인물은 아니었다. 그렇다고 해도 힘든 시절이었다. 해벌라인이라는 이름으로 행세하던 라인하르트 혼은 베스트팔렌 지방 립슈타트라는 작은 도시에 하일프락티커Heilpraktiker, 즉 대체 의학 치료사 신분으로 정착했다. 하일프락티커는 오늘날 독일에서도 1939년 법령에 따라 시행되고 있는 제도이며, 현대 의학에서 논외로 하는 치료 관련 모든 분야를 통칭하는 용어이다. 청소년 시절부터 불교에 관심이 많았던 라인하르트 혼은 립슈타트의 셋집 주인이며 타로 점을 보는 아마추어 점술가였던 노부인에게 전수받은 지식을 토대로 침술과 동종요법을 시행했다. 그런데 진료실 입구에 부착한 간판에 '박사이자 교수'라는 요란스러운 직함을 써넣었을 뿐, 의학 박사가 아닌 법학 박사라는 사실을 명시하지 않았다는 이유로 사법 당국으로부터 징계받는 일이 벌어진다. 이렇듯 불가피한 거짓말로 상법을 위반하여 그는 벌금형과 함께 의료 활동 금지 처분을 받았다. 이 사건 말고는 전후 도피 생활을 하는 동안 사법기관과의 마찰은 전혀 없었다. 그러다가 1958년에 베를린법원은 교수 신분으로 제3제국 시기에 대학생들을 상대로 나치 사상을 확산시켰다는 죄목으로 12,000마르크(현재의 1,500유로에 상당하는 액수)의 벌금형을 선고한다.[8] 그런데 이것을 '엄청난' 벌금형이라고 말할 수는 없을 것이다.

자연요법 치료사로서의 활동 시기 이후, 그의 상황은 급속도로 개선되었는데, 이는 6,500여 명이나 되는 나치 보안대 출신 인맥 덕분이었다(나치의 경찰, 첩보, 보안 등을 담당하는 모든 기관들을 통합한 국가보안본부RSHA에 속한 인원은 총 5만여 명에 달했다). 이러한 인적 네트워크는 매우 능동적이고 강력했다. 행정부, 대학, 사법부, 경제계 곳곳에 나치 친위대 출신 테크노크라트와 지식인이 산재해 있었다. 대독일 제국의 옛 관리자들은 특히 민간 분야에 진출하여 세력을 형성하고 있었다. 민간 분야에서는 이들의 탁월한 학력과 경력(법률가들), 그리고 독일 제국 주요 기관 지도부에서 쌓아

올린 경험을 높이 평가했다. 게다가 나치 시대 12년 동안 친위대라는 주도면밀한 조직과 독일 산업계 간의 효율적인 제휴를 통해 이루어낸 탁월한 사업적 성과들을 모두가 생생하게 기억하고 있었다. 이처럼 독일연방공화국(서독)이 수립된 뒤, '국가사회주의자들이 연방공화국 내부로 침투하는'[9] 사태가 벌어졌다. 이것은 감형 또는 형의 축소로 이어져 나치 전범들이 모든 사법적 근심거리를 벗을 수 있는 계기가 되었다.

마찬가지로 라인하르트 혼은 에른스트 아셴바흐에게 도움과 조언을 받았다. 에른스트 아셴바흐는 법학 박사이자 외교관으로 프랑스 주재 독일대사관에서 정치적 업무를 담당하였으며, 그런 이유로 프랑스에서의 유대인 강제이주 문제에 연루된 자였다. 독일 에센 지방에서 변호사 자격증을 취득한 아셴바흐 박사는 나치 전범들을 지원하기 위해 법정뿐만 아니라 연방공화국의 수도 본의 정치·관료계에도 매우 적극적으로 나섰다. 본에서 그는 독일 자유민주당을 대표하는 연방의회 및 유럽의회 의원으로 상주하고 있던 터였다. 베르너 베스트와 친밀한 관계였던(베르너 베스트 역시 '옛 친구들alte Kameraden'을 위한 변호에 앞장섰다) 아셴바흐는 라인하르트 혼의 법률상 복권을 이끈 장본인이었다. 1949년 12월 31일에 통과된 사면법으로 라인하르트 혼을 비롯한 80만 명의 나치들이 과거를 세탁했다. 그런데 친위대 인적 네트워크는 신분증이나 모범 생활 증명서, 또는 형사상 혐의가 없다는 증명서를 손에 넣는 수준에 머무르지 않았다. 나치 친위대 출신 인사들은 아데나워 총리의 최측근, 또는 행정부 소속 각종 위원회 지도부 같은 내각의 중심 세력이나 대기업의 경영진으로 참여하며 정치와 경제계 곳곳에 자리 잡았다. 그런 식으로 그들은 공직이나 민간 분야에서 독일 사회의 핵심 지도층으로 부상했다.

그중 일부는 기업의 법무 담당 변호인, 행정부 위원회 위원, 각종 조직의 관리자나 대표가 되었으며, 라인하르트 혼을 비롯한 나머지 인물들은 지식인과 교육자로서의 소명에 충실하고자 했다.

그의 오래된 지인, 서부집단군 총사령관과 제7군 사령관직을 거쳐 전후에는 저명한 개신교 '싱크탱크'였던 복음서아카데미 이사가 된 제5기갑군 사령관 하인리히 에버바흐 장군이 라인하르트 혼에게 군 역사 강의를 맡아줄 것을 요청했다. 그 당시 1950년대 독일 정부는 독일군 재건의 필요성에 대해 깊이 검토하고 있던 참이었다. 소비에트라는 적에 대항하기 위해선, 마셜플랜과 유럽석탄철강공동체ECSC를 통한 경제적인 재무장뿐만 아니라 군사적인 재무장이 필요한 시점이었기 때문이다. 전쟁으로 인한 전례 없는 대참사, 그에 뒤이은 독일의 완전하고 영구적인 무장해제에 관한 초기 프로젝트들에도 불구하고 유럽철강공동체 회원국들은 유럽방위공동체EDC 설립을 논의하고 있었다. 이렇게 되면, 적국인 독일은 자연스럽게 우방국이 되고 회원국으로서 동등한 지위를 확보할 수 있게 될 터였다. 1944년에 『혁명, 군, 전쟁화畵』라는 두꺼운 책을 출간한 뒤로 군 역사 연구로 인정받고 있었던 법률가이자 나치 친위대 장교 출신 라인하르트 혼은 이미 현재와 미래의 전쟁 수단에 관한 논의를 지원하는 전문가 그룹에 속해 있었다. 라인하르트 혼은 여기에 기꺼이 동참했다. 그는 친위대 출신 인맥을 키우고 인원을 충원했다. 그는 이런 작업을 하는 데 수많은 옛 동료들에 비해 여러 가지로 유리했다. 그는 학계에서 실력을 인정받았으며, 방대한 문화적 소양을 가졌다. 논점을 제시하고 설명하고 글로 서술하는 능력이 탁월했을 뿐만 아니라 연설가 및 교육자로서의 재능, 지칠 줄 모르는 에너지, 연구 성과도 있었다. 이 같은 여러 장점들로 인해 라인하르트 혼은 곧 '활용 가치가 큰 최고급 인적자원'으로 떠올랐다. 게다가 그는 자신에게 합당한 사회적 지위를 회복하고 자신의 능력과 야망에 어울리는 일자리를 찾는 것 말고는 별다른 요구 사항이 없었다. 당시 독일 경제계 고위 책임자들은 그를 주목했다.

이렇게 해서 라인하르트 혼은 1953년에 독일국민경제협회DVG

회장으로 취임한다. 이 단체는 독일의 고성장 시대에 걸맞은 가장 효율적인 경영 방식을 찾아내어 보급하기 위한 목적으로 설립된 산업계의 싱크탱크였다. '현시대에 가장 적합한 인적자원 관리 형태를 개발하고 교육하기 위한'[10] 목적으로 독일국민경제협회는 기업의 간부들을 위한 경영자 학교를 세우기로 결정한다. 마셜플랜, 당시 기세등등하던 범대서양주의*, 미국에서 유입된 '생산성 미션' 등을 배경으로 빌헬름 2세 시대 이후로 독일 사회가 선망하던 특정 분야의 박사나 엔지니어 같은 전문가와는 확연히 구분되는 '미국식 매니저', 즉 다기능의 전천후 '리더'를 양성하는 문제가 화두로 떠올랐다. 그 모델은 당연히 하버드 비즈니스 스쿨이었으며, 이후로 그와 같은 형태의 학교들이 독일에 설립된다. 프랑스에서도 1957년 인시아드INSEAD라는 경영대학원이 설립되었다.

독일에 연이어 매니지먼트 스쿨이 설립됐다. 1956년 독일국민경제협회는 포부도 당당하게 니더작센주의 하르츠산맥 자락에 위치한 바트 하르츠부르크라는 매력적이고 아름다운 도시에 캠퍼스를 열었다. 독일연방공화국, 즉 서독이 자체적인 군대인 독일연방군Bundeswehr을 창설했으며 10년간의 연합군 점령기가 드디어 막

---

* 서유럽과 미국 간의 긴밀한 관계를 강조하는 입장

을 내린 지 일 년이 지난 바로 그해에 바트 하르츠부르크 경영자 아카데미Akademie für Führungskräfte가 설립되었고, 불과 11년 전에 '나치 친위대 오베르퓌러' 계급장을 달았던 라인하르트 혼 박사 겸 교수가 학장으로 취임했다. 2000년에 학교 창설자가 사망하기 전까지 이 학교는 주요 독일 기업체 소속의 60만 간부들을 받아들였으며, 그 외 원격 교육 과정에 등록한 인원수는 10만에 달했다.

여기서 라인하르트 혼은 친위대 및 보안대 출신 옛 동료들과 마찬가지로 기쁘게 일했다. 그중에서 법학 박사인 1910년생 유스투스 바이엘은 1941년까지 동부 생활권의 점령 및 식민지화 플랜에 참여했으며 그 후에는 나치당 사무국에서 근무했다. 1944년 6월 상급돌격대지도자 직급에 올랐으며 전후, 엔지니어 학교에서 상법 강의를 했고 1970년대부터는 이 학교에서 강의했다.

라인하르트 혼의 옛 동료들 가운데 바트 하르츠부르크 아카데미의 핵심 인물 중 한 사람이 된 자가 있는데, 그가 바로 유스투스 바이엘의 친구이자 후견인인 프란츠 알프레드 식스 박사·교수다. 1909년생인 그는 당시 탄생한 지 얼마 안 된 학문인 '언론학Zeitungswissenschaft' 분야에서 급속도로 두각을 나타내고 있었다. 그 당시 언론학은 인문학 및 사회과학의 여러 분야에서 이론을 가져와 언론을 연구하는 학문이었다. '국가사회주의의 정치적 프로파간다'(1934년)라는 주제의 논문으로 하이델베르크대학에서 25세에 박사 학위를 취득하고, 그로부터 3년 뒤 '독일 제국에서 소수민족의 언론'에 관한 연구로 교수 자격증을 얻었다. 바로 그해, 28세라는 믿기지 않는 나이에 쾨니히스베르크의 대학교수로 임명되었으며, 1940년에는 베를린대학으로 넘어왔다. 이러한 활동과는 별개로 그는 나치 친위대 내의 보안대에서도 놀라운 속도로 경력을 쌓아 나갔다. 여기서 그는 1935년부터 언론 분야 전문가였으며, 1939년엔 동료이자 동지인 전임자 라인하르트 혼의 뒤를 이어 '반대파 연구 2부Gegnerforschung-AmtII' 책임자, 1942년에는 '이념 연구 7부Weltanschauliche Forschung-AmtVII' 책임자가 되었다. 1941년 그는 나치 친위대 장군 아르투어 네베의 특수작전집단* B 소속으로 러시아에서의 나치 친위대 및 독일 경찰 특공대를 지휘하는 임무를 맡았다. 이러한 현장 경력 때문에 프란츠 알프레드 식스 박사는 그의 전기를 쓴 루츠 하크메이스터가 밝혀낸 바와 같이[11] 전범 및 반인류 범죄자가 되었다. 그는 1948년에 열린 뉘른베르크의 '특

---

*   Einsatzgruppen. 나치 독일 점령지에 투입되어 인종·민족 청소를 진행할 목적으로 만들어진 조직이다. 그렇기에 그들의 범죄 대부분이 민간인을 대상으로 자행한 학살이었다. 역사가 라울 힐베르크는 이들의 학살에 의한 희생자 수가 200만이 넘을 것이라 주장했다.

수작전집단' 재판에서 20년 징역형을 받았으나, 1952년에 석방되었다. 그 후 베르너 베스트 등 옛 나치 동료들의 지원으로 중도 좌파 성향의 시사 주간지 〈슈피겔〉과 협업하는 주요 편집자로 급부상했으며, 친위대 출신들의 경력 세탁소 역할을 하던 독일 자유민주당의 당원이 되었다. 그리고 1957년 포르셰사 홍보 분야 책임자, 1963년에는 프리랜서 고문이 되었다. 이와는 별도로, 나치 친위대 여단 지도자SS-Brigadeführer였던 프란츠 알프레드 식스는 바트 하르츠부르크 아카데미에서 마케팅을 가르쳤다. 1968년 이 학교 출판사에서 강의 내용의 요점을 한데 묶은 그의 마케팅 매뉴얼이 출간되었는데[12], 결과는 성공적이었다. 이 책은 1971년에 재출간되었다.

바트 하르츠부르크 아카데미에서 수강한 학생들은 실무자들, 즉 몇 주 또는 몇 달 동안의 교육과정을 이수하도록 회사 고용주들이 파견한 중간 간부들이었다. 대학원 수준의 경영자 학교였던 바트 하르츠부르크 아카데미는 프랑스의 인시아드 또는 회사 간부들을 대상으로 MBA 학위를 수여하는 모든 비즈니스 스쿨과 유사했다. 라인하르트 혼과 동료들의 강좌에는 '독일 경제 기적'의 중추이자 역군이었던 경제 엘리트들이 모여들었다. 알디, BMW, 훽스트, 그뿐만 아니라 바이엘, 텔레풍켄, 에쏘, 크루프, 티센, 오펠의 간부들이 있었으며, 그 밖에도 포드, 콜게이트, 휴렛팩커드, 심지어 독일 섹스 산업의 대모 베아테 우제의 베아테 우제 인터내셔널에 이르기까지 2,500여 개의 기업들이 나치 친위대 출신 교수들로부터 회사 경영에 도움이 되는 교훈을 얻고자 매니저들을 파견했다. 독일연방군 역시 이 비즈니스 스쿨의 주요 고객 중 하나였다. 라인하르트 혼은 국가라는 존재를 멸시했지만, 그렇다고 해서 국가로부터 지급받는 수업료나 지원금을 거부하지는 않았다. 라인하르트 혼의 군 역사 연구는 독일군 지휘부의 관심을 끌었다. 그가 주장한 '권한 위임'이라는 개념은 새로운 독일군 지휘부의 정서와 계급적 위계, 즉 자유로운 '제복을 입은 시민'들을 위한 '내적 지휘innere Führung'라는 새로운 군대 문화와 상응하는 바가 있었다. 이렇게 라인하르트 혼은 직종 전환에 완벽하게 성공했다. 청중을 사로잡는 강연자인 동시에 언변, 폭넓은 지식, 매력적인 유머를 가진 교수 라인하르트 혼은 민간 기업 간부들에게 깊은 인상을 남겼다. 그는 대부분이 천재라고는 할 수 없는 당시 경제·경영계에서 부각될 수 있는 모든 자질을 지니고 있었다. 1950년대 중반부터는 1942~1943년 나치로서 경력상 절정이었던 시기와 비슷한 급여를 받으며 당시의 생활수준에 도달했다. 1956년에는 월 2,000마르크의 급여 외에도 저작권료와 각종 보수를 합하면 월수입이 현재 액수로 5,000유로에 달했다. 풍요로운 생활을 회복했음을 기념하기 위함이었는지 그는 1940년대에 그랬던 것처럼 녹색 메르세데스를 구입했다. 자연 애호가로서 평소에도 녹색을 좋아했으며, 가장 좋아하는 여가 생활인 사냥을 할 때 입는 사냥 조끼도 녹색이었다. 1942년 녹색 메르세데스에 '귀여운 청개구리'라는 별명을 붙인 것으로 보아 그는 화목한 가정생활을 했던 것으로 보인다. 말을 너무 빨리 하는 경향이 있었지만, 남성적인 카리스마로 몇 명의 연인이 있었던 것으로 추정된다. 하지만 그는 평생토록 가정적인 남편이었고, 1930년대 말에 태어난 두 딸에게는 자상한 아버지였다. 그는 아버지로서 딸들의 안전을 위해 최선을 다했다. 폭격을 피하려고 딸들을 일찌감치 베를린으로부터 탈출시켰으며, 튀링겐에서 도피 생활을 하는 동안에도 딸들은 악착같은 노력가인 아버지의 성공으로 유복한 생활을 했다. 그리고 그 뒤로는 부친이 독일연방공화국 최고의 매니지먼트 학자가 되는 과정을 지켜보았다.

6장
전쟁의 기술
(또는 경제 전쟁의 기술)

지칠 줄 모르는 다방면의 저술가이며 엄청난 노력가였던 법률가 라인하르트 혼의 열정 혹은 취미는 군 역사 분야였다. 그는 퇴근 후 저녁 시간과 주말을 이용하여 연구에 전념했으며, 그 결과 수준 높은 여러 권의 책을 써냈다. 법률가이자 매니지먼트 학자, 그리고 아마추어 역사가였던 라인하르트 혼의 수많은 저서 중 세 권의 군 역사 관련 책이 있다. 그중에서도 사상 면으로나 저자 개인적으로나 가장 중요한 책은 게르하르트 폰 샤른호르스트 장군에 대한 연구서인 『샤른호르스트의 유산』[1]이다. 이 책은 1952년, 즉 냉전이 한창 진행 중인 상황에서 갓 탄생한 독일연방공화국의 정치 엘리트들이 서방 진영 열강들의 동의하에 새로운 독일 군대의 창설을 심도 있게 연구하고 있던 시기에 출간되었다. 이러한 연구와 재편성 과정을 거쳐 마침내 1955년에 독일연방군이 창설되었다. 독일연방군은 분명 서방 진영 소속이었으며, 새로운 독일의 민주주의와 개인주의 원칙에 기반한 군 조직이었다. 암울했던 시기(1806~1813년)에 프로이센 군대의 저명한 개혁가였던 게르하르트 폰 샤른호르스트에 관한 연구서를 내면서 라인하르트 혼은 그 중요했던 시기에 관한 토론과 연구의 장에 본격적으로 뛰어들었다. 이 책에서 그는 한 개혁가의 일대기를 학문적으로 서술하면서 두 시대의 패배(에나-아우어슈테트 전투에서 나폴레옹 군대에 의한 프로이센의 패배, 그리고 1945년 독일 제국의 몰락)를 비교한다. 그리고 자신을 포함한 현시대의 개혁가들이 위대한 개혁가 샤른호르스트를 계승하고 있다고 주장한다. 라인하르트 혼은 이 분야에 관한 연구가 일반적인 전쟁뿐만 아니라 경제 전쟁에도 똑같이 적용될 수 있다고 말한다. 라인하르트 혼이 특별히 주목한 군 간부들에 대한 개혁 역사가 현대사회의 군대인 기업 내 간부들에게도 동일하게 적용될 수 있다는 뜻이다. 이 책에서 가장 놀라운 점은 1930~1940년대의 사상, 주제, 강박적 사고와 1950년대부터 1990년대까지 라인하르트 혼의 역사 및 경영학 관련 책들에서 다뤄진 사상, 주제,

강박적 사고 간의 연속성이다. 즉 그의 기본적인 직관, 가설, 원칙들은(인종 문제, 유대인의 위험성, 광역생활권의 정복, 이런 문제들에 대한 집착을 논외로 하면) 1930~1940년대부터 쭉 이어져 온 것이었다.

그 첫 번째 원칙은 '실제', 그중에서도 특히 군 역사에 대한 관심이다. 법률가 라인하르트 혼은 1930년대에 이미 사회학(그는 세미나 담당 교수로서 사회학 강의를 했다)과 역사학에 대한 관심으로 남다른 경력을 쌓아가고 있었다. 여기서도 과거 개혁가들과의 유사성이 있다. 즉 클라우제비츠가 그러했듯 샤른호르스트 역시 역사와 실제의 숭배자였다. 라인하르트 혼을 비롯한 나치 법률가들은 끊임없이 '현실', '개별 사안'을 존중해야 한다고 주장하며 판례 Fallrecht와 구전 관습법, '구체적 명령'을 찬양했다. 또한 모든 추상화, 법제화, 책을 통한 학습에 반대하면서 개인적 직관, '국민적 상식'을 신성시했다. 샤른호르스트에 관한 연구서에서 그는 '군사적 실증주의'[*2]를 거세게 비난하고 있는데, 이것은 라인하르트 혼과 그의 동료들이 유대인의 광기가 스며들어 있다는 점을 들어 법실

---

[*] 실증주의 철학을 정리한 오귀스트 콩트는 저서 『실증주의 서설』(한길사, 2001)의 서문에서 다음과 같이 말하고 있다. "실증주의의 기본적인 사명은 다음과 같다. 즉 현실적인 학문을 일반화시키고, 사회생활의 기술을 체계화시키는 것이다."

증주의를 비판했던 것과 같은 맥락이었다.

추상화, 그것은 법칙이다. 법칙은 도그마이며, 도그마는 곧 죽음이다. 과거 나치 시대에 취했던 태도와 조금도 다르지 않게, 라인하르트 혼은 모든 개별 사안에 적용 가능한 규범을 만들려는 기하학적이고 수학적인 시도에 맞서 삶과 구체적인 경험을 중요시해야 한다고 주장했다. 그는 프로이센 군주 프리드리히 2세*의 천재성을 참조할 필요가 있다고 말한다. 그의 천재성이란 직면하는 상황마다 그때그때 달리 적응할 줄 아는 능력이었다. 그러므로 '삶이란 곧 유연성, 융통성, 적응력에 다름 아니다'. 변화하지 않는 자, 적응하지 못하는 자는 주어진 환경에서의 생존에 부적합한 모든 종에게 불어 닥치는 운명처럼 필연적으로 소멸할 수밖에 없다. 달리 말하면, 프로이센군이 1806년 패배한 까닭은 프리드리히 2세와 그의 전략적 원칙들을 전쟁 기술의 영원하고 절대적인 규범으로 떠받들었기 때문이다. 예전에 생명 혹은 삶, 자발성, 영원한 적응력, 즉 각각의 상황마다 매번 적응 가능케 했던 '탄력성 혹은 유연성'을 미라처럼 박제해버렸다. "프리드리히 2세는 시공을 초월

---

* (1712~1786) 탁월한 군사적 재능으로 오스트리아 왕위계승 전쟁, 7년 전쟁에서 승리를 이끈 인물로 프로이센을 독일 지역의 강국으로 올려 놓았다.

하는 위대한 장군이 아니라 한 사람의 위대한 장군일 뿐이었던 것 같다. 그는 결코 독단적 정신의 소유자도, 무오류의 인물도 아니었다. 한마디로 그는 전쟁 기술의 수호성인이 아니었다."[3] 마찬가지로 나폴레옹은 어느 '시스템'[4]의 창안자가 아니었다. "이런 인물들에게서 우리가 찬탄하는 천재성은 다른 데 있다. 샤른호르스트가 말하길 그들의 위대한 정신은 정해진 규범을 따르지 않고 개별 사안마다 가장 적합한 수단이나 방법을 찾아냈다는 점에 있었다."[5] '프리드리히 2세 국왕 자신이 그리했듯 마주치는 상황마다 매번 달리 적용해야 하는 일반적 권고안들에서 독단적 원칙을 찾아내려는 것이야말로 이율배반적인 처사'[6]이지만, 어쨌든 프리드리히 2세는 '군사적 실증주의의 우상'[7]이 되고 말았다.

사고의 경직화에 대항하기 위해서는 혁신에 대한 열정과 에너지를 회복해야 한다. '군사적 실증주의에 맞서 싸우려면'[8], '새로운 시대에 더 이상 적응하지 못하는'[9] '전통으로부터'[10] 벗어날 필요가 있다.

과거의 권위들에 대한 터무니없는 숭배와도 연관되는 '추상화'는 1806년의 패배와 비견되는 엄청난 파국으로 귀결될 뿐이다. 프리드리히 2세의 성공으로 그의 '단선적인 전략'은 금과옥조의 진리가 되어, 7년 전쟁 이후 지금까지 수 세대를 거치는 동안 수많은 군 장성들이 열성 신도의 열정과 기하학자 같은 엄밀함으로 그 전략을 가르쳐왔다. 그 결과 어떻게 되었는가? "군대는 한낱 기계 장치가 되어버렸으며, 군 내부 조직은 숭배 대상이 되었다. 그와 더불어 전쟁의 기술은 수학적 계산 시스템이 되고 말았다."[11] 모든 것이 '메커니즘'이며 '기계적'이고 '수학적'[12]이며, '수학 공식이자 기계적인 법칙'[13]일 뿐이었다. 군대는 '군사적 실증주의 시스템의 무게에 짓눌려' 있었던 만큼 마치 '생명이 없는 인형'[14]처럼 조작되고 조종당했다.

그의 다른 모든 군 관련 저작물들에서 그랬던 것처럼, 라인하르트 혼은 책의 이 부분에서도 1806년의 패배보다 훨씬 더 심각했던 1945년의 패배가 나치의 군사적 기술 탓이라며 암묵적인 비난을 쏟아낸다. 라인하르트 혼과 그의 동료들 같은 진보적인 법률가, 사상가, 매니지먼트 학자 들이 수많은 논문과 기고문에서 제시했던 원칙과는 정반대로 제3제국은 결국 지나치게 기계론적이고 추상적이고 권위적이었다. 정부 당국자들은 사무실 탁자 위에 전쟁게임Kriegspiel 지도를 펼쳐놓고 마치 체스판의 말을 움직이듯 사단을 이동시켰으며, 가상의 전선을 그어놓고 전쟁놀이를 했다. 천차만별의 전장에 동일한 방식을 적용하였으며, 이동을 멈추게 하고 지연전의 수를 늘리는 '정지 명령'으로 전격전의 움직임을 경직화시켰다. 군사적 의무뿐만 아니라 경제적 생산에서도 민족동지들 Volksgenossen을 능동적으로 참여시키지도, 그들에게 충분한 동기를 부여하지도 못했다. 독일국방군의 부사관들 역시 1806년의 선배들만큼이나 경직되고 권위적이며 우둔하여 병사들을 일개 기계부품처럼 취급했다.

이렇듯 군사에 관한 기계론적 사고는 전략적 플랜, 개별적인 명령, 명령의 이행, 이 세 가지 요소의 매끄러운 연계야말로 승리를 보장하는 담보물이라 주장했다. 이와는 정반대로, 프랑스에서는 대혁명 기간에 개인적 동기부여 및 각 개인의 능동적이고 자발적인 참여, 그리고 전략상의 민첩성과 성공을 보장하는 실행의 유연성 등의 개념들을 토대로 새로운 전쟁 기술이 개발되었다.

라인하르트 혼은 이렇게 지적한다. 1792년 이후 프랑스 국민은 이제 더 이상 어느 정부, 어느 장관 또는 어느 국왕 개인을 위해 싸우지 않았다. 그들은 매우 구체적으로 그들 자신을 위해, 그들이 꿈꾸는 삶의 형태를 쟁취하기 위해 싸운다. 라인하르트 혼은 이렇게 한탄한다. '국민 총동원이란 국민das Volk 전체가 소집되고' 국민 각자가 매우 구체적인 '정치적 이상을 위해'[15] 싸우는 것을 말한다. 이러한 투쟁에서, 또한 이러한 투쟁을 통해 '백성들은 마침내 시민이 된다'[16]. 프랑스 전사들은 '열의enthousiasme'[17], 다시 말해 '대혁명의 이상을 전하고자 하는 열광적인 의지인 열의'[18]에 의해 행동했다. '열광적인 의지Fanatischer Wille'라는 표현은 나치 시대에 매우 일상화된 용어였으며, 라인하르트 혼의 글에서도 자주 등장한다. 라인하르트 혼은 또 이렇게 말한다. 프랑스 국민들의 열의는 군사적 측면으로는 '어떤 희생을 치르더라도 끝까지 나아가려는 자세, 동원할 수 있는 모든 수단을 활용하려는 태도에서 확연히 드러났다'[19]. 그런데 이것은 마치 1945년 나치가 제작하여 배포했던 것들, 즉 최후의 순간까지 항전을 촉구하던 수많은 전단지에서 따온 문장처럼 보인다. 제3제국 시대에 열광하고 찬양했던 그 이상과 덕성 들, 독일군 병력은 그것들을 완벽하게 펼쳐 보일 만한 능력이 없었다. 왜냐하면 독일 군대는 병사 개인 그리고 그의 공격·행동 잠재력의 해방, 즉 '게르만의 자유' 속으로 충분히 파고들지 못했기 때문이다. 에너지를 해방하고 발산하기는커녕 오히려 그것을 속박하고 억압했다. '병사들은 그저 하나의 군번으로 머물러야 했다. 순전히 기계적인 전투를 위해 병사들을 구속과 억압으로 단련시켰다. 정신적 유대란 하사의 몽둥이, 즉 체벌이 만들어낸다'는 의견이 지배적이었다. 반면에 프랑스 국민들은 '모든 절대주의적 속박에서 개인을 해방하는 것'[20]에 모든 것을 걸었다.

프랑스에서는 1792년부터 1815년까지, 즉 대혁명 및 제정 시대에 여러 차례 전쟁을 치르는 동안, '국민군*과 케케묵은 신념들 속에 박제화된 정규군'[21] 사이에 대립 관계가 형성되었다. 라인하르트 혼은 다음과 같이 말을 이어 나간다. 전략적 관점으로 보면, 이러한 대립은 30~40년 전의 7년 전쟁으로부터 계승된 엄격하고 경직된 프로이센의 전열 보병, 그리고 기동성, 민첩성, 유연성을 갖춘 저격병**, 이 둘을 대립시키는 결과를 낳았다. 그런데 이 저격병들이 어리석기 짝이 없는 기계적인 반복 훈련으로 인해 규율의 포로가 돼버린 프로이센군 진영을 초토화한 장본인이었다.

그렇다고 프랑스 저격병을 전쟁 기술의 알파요 오메가로 격상하려는 것은 아니다. 그보다는 나폴레옹이 가장 정확하고 효율적으로 실행했던 바로 그 정신을 파악하고 이해하는 게 목적이다.

기동성, 역동성, 자유로움을 갖춘 전사인 저격병들은 전략적 관점으로 보면, 어렵고 까다로운 전장에 최적화된 병사들이다. 반면에 전열 보병들은 개방된 전쟁터에 적합하다. 따라서 어느 한쪽으로 치우치지 말고 둘을 연합시킴으로써 저격병과 전열 보병 간의 대립을 뛰어넘어야 한다. "저격병 시스템의 특징인 전투 방식의

---

* 프랑스 대혁명 당시 시민들에 의해 조직되었으며 봉건 세력의 정규군과 대립하였다.

** Tirailleur. 나폴레옹 전쟁 당시 프랑스군의 경보병을 가리킨다.

유연성을 전군으로 확산해야 한다."[22] 실질적으로 전술상 '저격병 시스템'의 '심층적 의미'를 전략 차원으로 끌어올릴 필요가 있다. 즉 "전열과 저격병 간의 대립은 사라졌다. … 전쟁의 기술에 저격병 시스템의 원칙이 적용될 때, 새로운 형태의 단위 부대가 출현할 것이다".[23] 그러므로 전열 보병들을 무조건 없애버릴 게 아니라, 그들을 대혁명 시대의 프랑스군에 도입된 그 새로운 유형의 전사들처럼 기동성과 유연성과 융통성을 갖춘 전사로 키워야 한다. 전열은 상황에 따라 고정될 수도 있고, 필요하다면 유동적일 수도 있다. 나폴레옹은 이러한 '융통성'을 매우 잘 이해했으며, 이것은 승리의 지렛대 역할을 했다. 나폴레옹이 그리했듯 '지금까지의 경직된 시스템을 유연하게 하기 위해서는'[24] '저격병 전투의 심층적 원리에 기반하여 전투에 임해야 할 것이다'[25].

군대의 경직성으로 인해 가장 큰 피해를 본 이들은 누구보다도 일반 병사들이었다. 라인하르트 혼은 병사들에게 각별한 관심을 갖고 있었다. 그는 기계 같은 병사들의 시대는 지나갔다고 힘주어 말한다. "병사들 자신이 행진하고 총을 쏘는 한낱 기계 같은 존재라고 스스로를 비하해서는 안 된다. … 지금까지 조련을 위해 불가피하다고 여겨졌던 체벌은 이제 불필요한 것이 되었다."[26] 대혁명 시대 프랑스 의용군들의 자발적 열의, 동기부여, 능동적 참여가 이를 증명하고 있지 않는가! 그렇지만 라인하르트 혼은 프랑스 시민군의 혁명적 자율성, 그 자체에 대해선 크게 주목하지 않았다. 프랑스 시민군이 자신을 위해, 자신의 이상과 자유를 위해 싸웠다는 점을 인정하면서도 그 모델을 프로이센 병사들에게로 전이하지 않은 것이다. 샤른호르스트도 그렇게 하지 않았다는 게 이유였다.

　샤른호르스트가 관심을 가졌던 것은, 또한 라인하르트 혼이 프로이센의 위대한 개혁가 샤른호르스트의 업적에서 특히 관심을 가졌던 것은 전열의 병사인 일반 전투병들보다는 장교와 부사관 집단, 즉 간부들이었다. "샤른호르스트가 생각하는, 발전을 위한 최상의 길은 장교 집단의 체계적인 재교육이었다."[27] 장교는 사고하는denken[28] 법을 배워야 하는 존재이기 때문이었다. 여기서 독일어 denken은 '깊이 생각하다' 혹은 '연구하다'라는 뜻으로 쓰였다. 여기서의 관건은 목표가 무엇인지 생각하기보다는 최상부의 명령으로 정해진 목표에 도달하기 위한 수단이나 방법에 대해 '깊이 생각하고 연구하는' 것이다. 샤른호르스트나 라인하르트 혼에게 '사고하다'란 최고위층의 사고에 참여하는 게 아니라 저변 또는 하부에서의 심도 있는 사고 또는 연구를 가리킨다. 목표에 대해 사고하고 비판하는 게 아니라 현장에서의 투쟁에 가장 적합한 수단이나 방법을 찾아내어 활용함으로써 그 목표에 도달하는 게 관건이었다. '생각할 줄 아는 장교는 기존의 모든 군사적 원칙들뿐만 아니라 새로운 군사적 이념들까지도 비판적인 시각으로 바라볼 줄 알아야 한다. 군사적 원칙이나 이념 들이 실제적으로 어느 정도 적용될 수 있고 유용한지를 평가하고'[29], '현장에서 자신의 판단 능력을 발휘할 수 있어야 한다.'[30] 이처럼 여기서의 denken은 '목표를 사고하다'라기보다는 '수단이나 방법을 산정하다'를 뜻한다.

전통적으로 귀족 출신 장교 집단이 갖고 있던 '모든 형태의 교육과 양성 과정에 대한 반감'과 '반복 훈련에 의해 세대를 거듭하며 이어진, 기계적인 인습에 대한 선호'[31] 등의 악습에서 벗어나기 위해서는 '전쟁 아카데미'[32]를 설립해야 한다는 주장이 제기되었다. 이것은 1956년 라인하르트 혼이 산업 현장에서의 실제적인 경제 전쟁을 수행하는 기업체 간부들을 교육하기 위해 '경영자 아카데미'를 세웠던 것과 흡사하다.

여기서의 교육과정은 이론적인 게 아니라 철저히 실무적이어야 한다. 샤른호르스트나 나폴레옹이 그랬던 것처럼 군대의 차세대 리더들은 군 역사 및 사례 연구에 중점을 두면서[33] '전쟁과 무관한'[34] 모든 추상화를 배제해야 한다. 군 간부들은 유식한 원숭이나 지식으로 가득한 대학교수가 될 필요가 전혀 없다. 그들은 작전을 지휘하고 전투에서 승리하는 데 꼭 필요한 것들만 보유하고 있어야 한다. 이들의 지식은 최소한에 그쳐야 하며, 순수예술이나 스콜라 철학 같은 무익하고 거추장스러운 것들로 채워져선 안 된다. 예전에 높이 평가되었던 수학 역시 제외되어야 하고, 지도를 읽고 작전을 이해하기 위해 필수적인 기하학 학습 정도면 충분하다.[35]

이러한 노력과 군사교육의 개혁 결과, 독일 군대는 장차 '편견이 없고 실제를 우선시하며 전략 및 전술에 대한 기본 지식을 습득함으로써 개인적 사고를 할 수 있도록 양성된 신세대 사관들'[36]을 보유하게 될 것이다.

라인하르트 혼은 다음과 같이 만족감을 표한다. 샤른호르스트는 '청년 사관 아카데미가 설립되고 자신이 아카데미 최고 책임자가 됨으로써'[37] 자신의 계획을 실현했다. 그런데 이것은 라인하르트 혼 자신이 1950년대 초에 이미 기업체 간부들을 위한 아카데미를 지휘하길 열망했던 것과 다름없었다. '삶 또는 현장의 현실과는 무관한 이론들'을 배제하고 '응용 전술 및 전략'[38]을 학습한 청년 사관들은 예전에 나폴레옹이 그리했듯 장차 '유연성 있는 전투'[39]가 무엇인지를 실전으로 보여줄 것이다. 나폴레옹은 마치 각각의 저격병처럼 모두가 자신만의 참모부를 보유한, 기동성과 신속성과 유연성을 갖춘 사단들을 양성하지 않았는가![40]

새로운 '탄력적 전략'[41], 다시 말해 유연성과 적응력을 겸비한 전략의 이상형은 병사가 아니라, 그때그때 현장에 적응할 수 있는 '실제적 유연성'을 학습한 장교와 부사관 들이었다. 무엇보다도 중요한 것은 '개별 사안마다'[42], 또는 개별 현장마다 날카로운 통찰력으로 주요 순간들을 포착하는 능력이었다. "이렇게 함으로써 장교와 부사관 들은 엄격한 명령에 의해 부과된 속박에서 벗어날 수 있다. 그리하여 앞으로는 그들 고유의 결정 능력 앞에 드넓은 공간이 열린다. 그들은 자신에게 부여된 업무에 의해 정해진 목표에 이르는 수단과 길을 자율적으로 찾아내야 한다."[43] 이 문장에 모든 것이 명백히 드러나 있다. 즉 현장의 지휘관은 기업체 간부들과 마찬가지로 목표를 정하는 데는 전혀 참여하지 않는다. 목표란 수행해야 할 '업무'라는 한도 내에 이미 정해져 있기 때문이다. 어느 고지를 점령해야 하는지, 어느 지점에 도달해야 하는지를 결정하는 것, 또는 주어진 목표가 너무 불합리하다고 판단하여 이를 거부하는 것은 그의 소관이 아니다. 그에게 주어진 유일한 자유는 자유를 획득하거나 쟁취하는 방법을 스스로, 또한 자율적으로 찾아내는 것이다. 이것이 바로 복종할 자유였다.

최상부 권력의 권위적이고 반박할 수도 반박해서도 안 되는 명령 그리고 현장 지휘관에게 허락된 자유, 이 두 가지의 결합을 샤른호르스트와 그의 동료 개혁가들은 '임무에 의한 전술, 곧 임무형 지휘', 독일어로는 아우프트락스탁티크Auftragstaktik라 이름 붙였다. 이렇게 특정 임무가 장교 또는 하사관에게 위임되었다. 자신만의 수단이나 방법을 선택하여 그 임무를 수행하는 것은 전적으로 그의 자유다. 따라서 복종하고 성공할 자유가 그에게 있다. 최상부의 명령에 의해 목표와 전략을 지정하는 데엔 중앙집권적 경직성이 작용하나, 현장에서 목표를 실행하는 데에는 유연성이 작용한다. 이러한 방식은 곧 성과를 냈다. 프랑스와의 전쟁(1813~1815), 독일 혁명가들과의 전투(1849), 덴마크와의 전쟁(1864), 오스트리아와의 전쟁(1866), 또다시 프랑스와의 전쟁(1870~1871)에서 프로이센군은 연이어 승리를 거뒀다. 그런데 프로이센군 부사관들은 전례 없는 특진이라는 영광을 누렸지만, 패배에 대한 부담감을 짊어져야 했으며 부하인 전열 보병들에게 모든 중압감을 떠넘기기 일쑤였다. 승리의 영광으로 둘러싸였던 프로이센군 부사관과 장교 들의 전투 현장에서의 실제 모습이나 대중들의 상상 속에서의 이미지는 파렴치한 폭군, 좀스럽고 자만심에 젖은 우두머리, 영혼 없는 가혹 행위자였을 뿐이었다. 이들의 도를 넘은 폭력성과 난폭함은 대중문화에서, 문학 작품에서, 나중에는 영화에서 반복적으로 다뤄진 진부한 소재가 되었다. 이러한 폭력성은 늘 고함과 욕설을 내지르는 군대 조교 역할을 겸한 부사관들 세계에서 자연스러운 특성이자 필수 요건이었다. 아니면 혹시 복종할 자유와 더불어 승리를 강요당하는 절박한 처지에 놓인 이들로서, 패배할 수도 있다는 견디기 힘든 두려움을 표현하던 방식은 아니었을까? 자유로운 분위기 속에서 최상위 목표들을 결정하는 참모부 회의로부터, 군사학교 출신 젊은 엘리트 장교들이 협의하고 토론하는 그 높디높은 올림포스산 정상으로부터 연속적으로 쏟아져 내려오는 숱한 책임과 멸시가 현장의 장교와 부사관 들의 어깨를 짓눌렀다. 그런 최상부와는 대조적으로, 반짝거리는 제복의 견장이나 어깨 장식 띠도 없으며, 지위에 따른 명예나 특혜마저 박탈당한 군의 하층부에는 위임받은 권한에서 비롯되는 무거운 책임감만이 있었다. 이 명령 체계, 다시 말해 샤른호르스트를 비롯한 개혁가들이 이론화하고 라인하르트 혼이 찬양했던 군대 매니지먼트 시스템은 결국 놀라운 효율성과 함께 반도덕성이라는 극도의 해악이 내재된 것으로 드러난다. 적어도 1차 세계대전까지는 효율적이었던 그 시스템은 동시에 반도덕적이었다. 현장 지도부에게 멍에가 되었던 것은 절대로 자유로울 수 없는 상황인데도 자유롭다는 엄청난 모순이었다. 결국 현장의 장교와 부사관 들, 즉 목표의 결정에 전혀 참여한 바 없는 그들이 전적이고 절대적인 책임감을 떠맡게 되었다.

7장
바트 하르츠부르크 방식:
복종할 자유, 성공할 의무

앞에서 살펴보았듯이 라인하르트 혼은 법률가로서 역사학을 좋아했으며, '실제', '구체적인 것'에 관심이 많았다. 그는 샤른호르스트, 그나이제나우, 클라우제비츠 같은 1806~1813년의 프로이센 개혁가들에게서 찾아볼 수 있는 적응능력, 다시 말해 프랑스 대혁명으로 문을 연 새로운 시대와 발맞춰 나아갈 수 있게 한 과거 개혁가들의 유연성을 높이 평가했다. 그 명철한 지성들이 대중 및 개인의 시대의 도래, 전통적 군주제에 반하는 '국가'의 등장 같은 시대적 흐름을 놓쳤을 리 없었다.

1806년의 패배보다 훨씬 더 처참하고 큰 정신적 트라우마를 남긴 1945년의 패배로 다시 한번 개혁의 필요성이 화두로 떠올랐다. 그런데 개혁을 한다는 자들이 과거를 전적으로 부정하거나 포기한다는 이야기는 하지 않았다. 샤른호르스트와 그 동료들은 1806년 이후에도 '의무감'이나 국왕에 대한 충성심으로 다져진 옛날식 프로이센군 지휘관들로 남아 있었다. 마찬가지로 라인하르트 혼은 나치 시대의 경력을 전혀 부인하지 않았다. 1930년대의 광적인 인종주의, 반유대주의, 생활권의 확대에 대한 갈망은 포기했다고 하더라도 동료들과 함께 여러 저작물(책과 기고문)에서 전개해온 몇 가지 기본적인 사고는 결코 저버리지 않았다. 그의 판단으로는 제3제국이 패배한 까닭은 충분히 '나치답지' 못했기 때문에, '게르만의 자유', 에이전시와 그 요원들의 유연성과 융통성, 그리고 '탄력성'을 충분히 발휘하고 실천하지 못했기 때문이었다.

1945년 이후, 특히 1949년 독일연방공화국(서독)이 탄생한 이후 자유의 시대, 즉 대중과 개인의 자유를 지향하는 시대가 도래했다. 민주주의 연방헌법으로 탄생한 새로운 국가는 동유럽 진영에 맞서기 위한 민주주의 전초기지가 되고자 했다. 독일연방공화국은 공산주의라는 영원한 적수, 독일 제국 시절 이미 맞서 싸운 적이 있는 적수에 대항하는 '자유주의 세계'의 선봉에 있었다. '히틀러 시대의 엘리트들'[1](대학교수, 언론인, 기업체 대표, 법률가, 의사, 경

복종할 자유

찰관, 군인 등)을 대표하는 수만여 명의 인사들과 마찬가지로 라인하르트 혼은 그 시대의 새로운 이상들(기적적인 경제 성장, 서구 자유주의의 승리)을 위해 헌신하고자 했다.

그런데 바로 이때, 1930년대부터 라인하르트 혼과 그의 동료들이 개발한 지휘·매니지먼트의 개념이 새로운 시대의 정신과 놀라울 정도로 일치하는 것으로 드러난다.

1945년 이후 역사의 교훈을 되새겨야 한다는 의견이 여기저기서 터져 나왔다. 한마디로 예전처럼 운영해서는 안 된다는 주장이었다. 이러한 사고는 군대뿐만 아니라 기업체, 더 나아가 행정조직에도 적용되는 것이었다. 근면하기 그지없는 연구자 라인하르트 혼은 행정조직에도 관심이 많았다.

1955년에 창설된 독일연방군에서는 '제복을 입은 시민'이라는 이상이 화두로 떠올랐다. 그것은 나치 친위대 수장 하인리히 힘러가 격찬하고 권장했던 '생명이 없는 시체 같은 복종'(이것은 분명 게르만의 자유라는 원칙에 위배되는 것이다), 또는 샤른호르스트의 가르침을 잊어버린 나치 시대 독일국방군의 기계적인 규율에 반하는 것이었다. 다시 말하면 적어도 이론상으로는 불법적 명령에 대한 복종의 거부로 나아갈 수도 있는 '성찰에 기반한 복종'을 공식화해야 한다는 견해가 나타난 것이다.

하지만 기업계가 그 정도로 앞서 나갈 수는 없었다. 라인하르트 혼의 업적은 그 시대의 새로운 민주주의 문화와 합치하는 매니지먼트 모델을 제시했다는 데 있었는데, 그것이 바로 '권한 위임을 통한 관리' 방식이다.

'바트 하르츠부르크' 방식이라 불리는 이 매니지먼트 방식은 수십 년 동안 서독의 자랑거리였다. 1970년대 초에 독일어권 스위스의 장크트갈렌* 방식이 등장하여 이의를 제기하기 전까지, 라인하르트 혼 교수의 연구 성과는 프랑스의 앙리 페이욜, 미국의 피터 드러커 같은 경영학 분야의 세계적인 권위자들과 견줄 수 있는 독일어권 유일의 대안이었다. 독일 및 독일어권에서 공인된 이론이었던 바트 하르츠부르크 방식과 그 정신, 또한 그것의 보급과 도입에 이르기까지, 이 모든 것은 나치 시대의 흔적이 아직 남아 있던 '1945년 이후 독일 노동의 역사'[2] 전반을 다시 썼다.

지칠 줄 모르는 교육자이자 저술가였던 라인하르트 혼은 1956년부터 1995년까지 엄청난 양의 저서들을 출간·수정·재출간하며 바트 하르츠부르크 방식의 원리를 제시했다. 그가 평생 출간한 50

---

* 스위스 북동부에 있는 주이다. 경영학 분야에서 세계적 명문으로 손꼽히는 장크트갈렌대학교가 있다.

여 권의 책들(엄밀히 말해 그 이상이 될 것이다) 가운데 40여 권이 이 분야를 다룬 것들이다. 이 경영학 서적들은 서술적이고 규범적일 뿐만 아니라 아이디어 면에서 다소 빈약하다. 또한 1945년 이전에 펴낸 책들과 문체나 어조가 완전히 다르다. 즉 1945년 이전의 라인하르트 혼은 법을 분석할 때조차 역사적·문화적 배경 안에서 생생하고 실감나게 서술했다면, 1956년 이후에 나온 그의 매뉴얼들은 무척이나 무미건조하다. 각종 도식과 사례 연구가 대부분을 차지한다. 간단히 말해 라인하르트 혼은 강의를 글로 옮겨 썼으며, 역으로 자신이 쓴 논문이나 책 내용을 강의실에서 말로 전달했다. 그런데 이런 강의의 대상은 실무자들이었으며, 절대주의 시대 행정의 역사를 장황하게 풀어놓는 강의에 참석하기보다는 강의가 끝나자마자 회사로 달려가서 자신이 맡은 부서를 관리하고 지휘해야 하는 기업체 간부들이었다. 명석한 교육자였던 라인하르트 혼은 '즉각적으로 실행 가능한 것'이 필요한 기업 간부들의 요구에 기꺼이 응했다. 그는 자신이 쓴 두꺼운 매뉴얼들을 요점만 간추린 간단한 소책자로 변형시켰는데, 이 책들은 바트 하르츠부르크 아카데미의 학내 출판사에서 출간된 후, 수차례 재출간을 거듭하면서 십만여 부가 팔려나갔다. 그중 대표적인 사례가 바로 당대 베스트셀러 반열에 오른 『매니지먼트의 매일 먹는 빵』[3]이다. 매니지먼트와 관련된 것들 중에 그가 다루지 않은 분야가 없었을 정도였다. 『비서와 비서실장』[4], 『익명 사회의 관리』[5](1995년에 재출간되었다) 에서부터 행정 자문위원회, 경제 위기 시대의 매니지먼트(이 주제 관련 책은 독일 경제가 위기를 맞았던 1974년에 때맞춰 출간되었다[6]) 같 은 주제들을 다룬 엄청난 양의 각종 매뉴얼 및 사례 연구 들에 이 르기까지 그의 연구 범위는 실로 방대했다. 1985년에 재출간된 그 의 책 『정신노동의 기법: 타성을 극복하고 창의성을 증가시키기』[7] 에서 볼 수 있는 것처럼 자기개발이라는 주제도 그의 연구 대상이 었다. 자기 관리 역시 매니지먼트의 일부분이기 때문이다. 이처럼 '코칭'은 그의 바트 하르츠부르크 경영자 아카데미에서 한 자리를 차지하게 되었다. 인력 지도·관리Menschenführung는 노동자들이 좋은 '품행 및 생활 태도Lebensführung'를 갖추게 하는 데서 출발하 기 때문이었다. 그리하여 '자신의 삶을 관리'하고 '스트레스'나 일 에 대한 부담감을 잘 관리하기 위해서는 카를 쾨차우 박사의 강좌 를 수강할 것을 권유했다. 의사인 쾨차우 박사는 식이요법, 휴식, 체조, 스포츠로 구성된 건강 프로그램을 만들어 수강자들에게 보 급했다. 나치 돌격대 멤버였던 쾨차우 교수는 예나대학에 부임한 뒤 '의학적 생물학'이라는 강좌를 개설했으며, 첫 수업을 '생물학적 의학에서의 국가사회주의 이념'이라는 주제로 강의했다. '나치 시대의 의학 혁명'의 지지자였던 그는 사회보장제도를 철저하게 반대하는 급진적 우생학자였으며, 유치하고 철 지난 인본주의에서 벗어나 앞으로는 새로운 의학에 의해 재탄생하게 될 새로운 유형의 독일인이 출현할 것이라고 주장했다. 그는 1945년 이후에도 예방법 또는 예방 조처Vorsorge를 우선시하면서 사회복지Fürsorge에 대한 퇴치 운동을 계속 이어 나가게 된다. 동종요법 애호가이자 의사였던 쾨차우 박사는 '국가사회주의적 영웅, 그는 생물학적이고 인종적인 가치를 충만하게 보유하고 향유하는 인간이다'라고 썼다. 바트 하르츠부르크 부설 요양원 책임자로 재직하는 동안 그는 건강에 관심이 많은 기업체 간부들에게 건강식품이나 자연요법을 상담해주면서 적지 않은 수입을 올렸다.

수많은 책과 논문에서 라인하르트 혼은 자신의 현대적 매니지먼트 이론을 시대적인 산물이라 소개했다. 그는 이렇게 말한다. 절대주의 혹은 독재 권력의 시대는 이미 지나갔다. 민주주의적 대중의 시대에는 각자가 그 자체로, '종속된' 존재가 아닌 '공동 참여자, 즉 협력자'로서, '자율적으로 사고하고 행동하는 인간'[8]으로서 인정받고 싶어 한다. 따라서 "각자 개별적으로 관리되어야 한다. … 우리의 경제적, 기술적, 사회학적 환경이 변화하면서 새로운 관리 방식이 탄생했다"[9].

'협력자들'과 함께 일하는 것, 이것은 라인하르트 혼의 가장 큰 관심사 중 하나였는데, 그는 계급투쟁이 정치 사회뿐만 아니라 경제 사회에서도 퇴출되어야 한다고 주장했다. 새로운 위계질서가 지배자와 피지배자, 고용주와 직원 사이에 발생할 수 있는 충돌의 위험성을 제거해준다는 것이다. 1942년에 라인하르트 혼은 다음과 같이 나치 공동체의 위대한 업적들 중 하나를 높이 평가한 바 있었다. "국가와 백성 간의 관계를 대신하여 … 민족공동체Volksgemeinschaft가 출현하여 자리를 잡았다. 이 민족공동체Volksgemeinschaft는 생명 혹은 삶, 민족, 토양의 기본 법칙들을 기반으로 하며, 여기서는 노동자들 모두가 민족 전체가 참여하는 생산 및 수행 공동체Leistungsgemeinschaft 내로 통합된다는 점을 전제로 한다."[10] 나치 공동체의 원대한 구상은 1945년의 패배로 소멸하고 말았으나, 기업체라는 '생산 및 수행 공동체' 내에서 '지도부Führung'와 '종업원들Gefolgschaft'[11] 간의 공동체적 화합을 키워나갈 수는 있을 것이다. 평화적인 사회적 관계는 경제적인 측면에서 최고의 생산성을 가능하게 할 것이다. 그뿐만 아니라 이념적, 경제적, 지리전략적인 적수인 독일민주공화국(동독)의 '실제적 사회주의'를 비롯한 동유럽 진영과 그 '사회주의' 경제체제에 맞서, 서독 사회의 국력을 증강시킬 것이다.

독일연방공화국 그리고 그 질서자유주의·경영참여주의에 기반한 '사회적 시장경제' 민주주의 세계 속에서 라인하르트 혼은 자신이 구상한 이상적인 기업 형태(경영진과 자유로운 협력자들의 공동체)를 통해 제3제국 시절의 경영협동체(사내 노사공동체)를 다시 실현해보고자 했다. 1951년에 기독민주당과 기독사회당의 연합으로 관련 법안이 통과된 뒤로 공동 경영과 공동 결정Mitbestimmung은 이제 시대적 흐름으로 자리 잡았다. 경제 전반적 차원에서 공동 경영으로 모든 노사 간의 대립을 회피할 수 있으며, 계급투쟁을 방지하고 모든 분쟁 가능성을 사전에 차단할 수 있게 된 것이다. 기업 차원에서는 자유롭고 즐거운 협력자들의 자율성이 회사 내의 분열(부자와 가난한 자, 우파와 좌파, 고용주와 노동자 간의 분열)을 방지하며 생산 공동체의 의지, 감정, 행동의 일치와 단합을 보장할 수 있다는 게 라인하르트 혼의 주장이다.

독일 역사를 통틀어 나치를 비롯한 모든 민족주의자들을 줄기차게 괴롭혔던 것은 분열이었다. 이는 아주 오랜 옛날 부족들Stämme 간의 분열에서 시작되어 나중에는 1648년 베스트팔렌 조약에 의해 촉발된 정치적 분산으로 인한 국가들 간의 분열Kleinstaaterei, 그리고 마지막으로 독일의 산업화 및 현대화 과정에서 마르크스주의를 신봉하는 거짓 예언자들의 잘못된 가르침이

초래한 사회 계급 간의 분열이었다. 나치 지도자들은 어떤 대가를 치르고서라도 그 숙명론을 타파하고 분열을 퇴치하고자 했다. 그리하여 정치적 통합은(1933년부터 단일 정당 체제였으며, 1934년 주 Länder가 폐지되면서 유일한 중앙 정치권력만이 존재했다) 문화적·사회적 통합과 함께 가장 중요한 가치로 자리 잡았다. 게르만 민족에게는 인종적 단일성이 존재하므로 통합이 당연하다는 입장이었다.

독일연방공화국 정치 지도자들에게 분열을 퇴치하는 것은 일종의 강박관념이었다. 그들은 동독과의 정치적 분열에 대한 거부(서독은 독일민주공화국을 1973년에 이르러서야 공식적으로 인정한다)를 넘어 사회적 분열을 막는 것을 절대적인 임무로 여겼다. 독일식 '사회적' 시장경제 체제에서는 노사 양측에서 동일한 수의 '사회적 파트너'들이 참여하는 협의에 기반한 공동 경영을 중요시했다. 이러한 체제에서 라인하르트 혼이 개발한 매니지먼트 이론은 기업 설립의 주춧돌 역할을 했다.

국가 차원에서 계층 간의 조화와 협력을 중요시했던 장관 루트비히 에르하르트, 그것을 기업 차원에서 구현해보고자 했던 라인하르트 혼, 이들의 노력으로 독일의 현재는 명백한 자유, 생산의 효율성, 고성장의 시대였으며, 독일의 미래는 다른 국가들의 모델이자 동독 및 소비에트 세계와 대결하는 자유 세계의 등대가 될 터였다. 소비에트 세계가 지리적으로 인접한 이웃 나라인 만큼 독일은 경제적·정치적으로 매혹적으로 보이는 미끼 상품인 동시에 위기 시에는 전략적 교두보 역할을 하게 될 것이었다.

그런데 '종업원'을 '협력자'로, 더 나아가 사고 능력과 자율성을 지닌 존재로 간주한다는 것은 독일 경제계에서 본래의 뜻 그대로 받아들여지지 않았다. 독일 경제계는, 샤른호르스트의 개혁에도 불구하고 예전보다도 훨씬 더 경직된 군대 계급 제도의 영향을 받아 우스꽝스러운 수준의 위계 문화가 자리하고 있었다. 동생 토마스 만처럼 작가로서 활동한 하인리히 만은 1913년에 나온 그의 유명한 풍자적 소설 『신하』에서 이에 대한 흥미로운 사례를 제시했다. 이 소설의 주인공은 화학 박사이자 예비역 장교이다. 또한 빌헬름 2세 황제의 충성스러운 신하이며 군수품 제조업체 사장이기도 한 주인공은 권력에 맹종하고 권위적이면서 비루한 삶을 살아간다. 하물며 1936년부터 1945년까지의 전시경제 아래 독일은 훨씬 더 가혹하고 엄격할 수밖에 없었을 테다. 그 세계에서는 '생각이라는 것은 말들이나 하는 것. 말이 우리 인간보다 머리통이 훨씬 더 크지 않은가?'라는 오래된 군대 격언이 진리인 양 행세하고 있었다. 이런 상황에서 라인하르트 혼은 선구자 또는 예언가, 아니면 혁명가처럼 보였을 것이다. 그러나 나치 친위대 출신으로서 개인주의 및 자율성 원칙으로 전향한다는 것, 이것은 겉보기에 그러했을 뿐이었다. 1933년부터 1945년까지 그가 주장하고 서술한 것과 1956년부터 그가 가르쳤던 것, 이 둘 사이에는 어떠한 단절도 없었으며, 오히려 사상 면에서 놀라울 정도의 연속성이 존재했다.

독일을 지배한 12년 동안, 자유에 적대적이었던 나치 체제는 법률가와 이론가 들의 목소리를 빌어 자신들이야말로 '게르만'의 자유를 실현하고 있다고 주장했다. 그리고 그 체제의 지식인 중 한 사람이 1945년 이후 비권위주의적 매니지먼트 이론을 설파하는 사상가가 된 것이다. 이는 나치 친위대 출신이란 점에서는 명백하게 모순된 행동이었지만, 절대주의 국가, 더 나아가 모든 형태의 국가와의 단절을 바라며 에이전시와 그 요원들의 자기 주도적 자유의 시대가 도래하기를 꿈꾸었던 자에게는 당연한 행동이었다.

그런데 여기서의 자유는 모순적 명령이었다. 라인하르트 혼이 내세운 매니지먼트 이론에서의 자유란 복종할 자유, 다시 말해 지도부Führung에 의해 부과된 목표를 실현하는 자유를 가리킨다. 유일한 자유는 목표가 아닌 수단을 선택하는 데 있을 뿐이었다. 실제로 라인하르트 혼은 절대자유주의 또는 무정부주의를 제외하고는 모든 것을 용인했다. 그의 학교에 간부들을 보낸 수많은 기업들은

(1956년부터 1969년까지 2,440개 기업) 이 점을 충분히 인식하고 있었다.

조직이 비권위주의적으로 작동하길 바라더라도, 수직적 위계질서는 그대로 남는다. 조직 내의 기본적 관계는 어디까지나 지도자와 수행자 간의 관계이기 때문이다. 지금까지의 관행과 달리 지도자는 수행자가 취해야 할 행동의 세부사항까지 규정하지는 않는다. 그는 '목표'와 관련된 '지침'을 내릴 뿐이다. 그의 역할은 명령하고(예를 들어 '특정 결과'를), 그다음으로는 관찰하고 통제하고 평가하는 것이다.

"상관은 협력자들의 영역에 관한 한 어떤 결정도 내리지 않는다. 이들은 목표를 정하고 정보를 제공하고 지휘하고 통제하는 … 매니지먼트, 즉 관리의 의무를 다할 뿐이다. 명령을 내린다는 사실에 기반했던 위계는 앞으로 책임의 위계가 될 것이다. … 따라서 책임의 위임이란 위계의 해체가 아니라 위계의 기능 및 의미의 변환을 뜻한다."[12]

지금까지 수행자는 '노동계약서Stellenbeschreibung'라는 서류를 근거로 선발되었다. 라인하르트 혼은 피고용인의 임무, 사명, 권한

이 명시된 추천장을 추가해야 한다고 말한다. 이렇게 함으로써 지도자와 수행자 간에 '협력 관계Mitarbeiterverhältnis'가 성립되며, 이것을 가리켜 '책임의 위임Delegation von Verantwortung'이라 불렀다.

라인하르트의 글을 읽고 그의 말을 들어보면, 그의 매니지먼트 방식에는 오직 장점들(협력, 상호보완성subsidiarity, 자유)만 있을 뿐이다.

"여러 결정들은 기업체 최상부의 한 사람 또는 한 집단에 의해 내려지는 게 아니라 개별 사안마다 가장 적합한 협력자들에 의해 내려진다. 협력자들은 상관이 부과한 명확한 명령에 따라 지휘되지 않는다. 이들에게는 명확히 규정된 행동 범위가 주어지는데, 그 안에서 자신에게 부여된 명확한 권한을 통해 자율적으로 행동하고 결정을 내릴 수 있는 자유가 있다."[13]

그렇지만 예전이나 지금이나 명령하고 통제하고 평가하는 책임은 늘 지도자에게 있었다. 또한 행동하고 성공해야 하는 책임은 수행자의 몫인데, 임무 수행을 위해 가장 적합한 수단과 방법을 선택하는 자유를 갖게 된 만큼 그 책임은 더욱더 무거워졌다. 이러한 책임감에 대해 라인하르트 혼은 마치 안도의 한숨을 내쉬듯이 다음과 같이 단호히 말한다.

"그리하여 이제부터 책임은 하나밖에 없는 유일한 지도부로 집중되지 않는다. 실제로 책임의 일부분은 실행을 담당하는 행위자들에게로 … 전이될 것이다."[14]

이렇게 모순들이 누적되면서 결국 몇 가지 역설로 귀결되었다. 그 첫 번째는 나치 친위대 출신이 비권위주의적인 매니지먼트 이론을 구상했다는 명백한 역설이다. 두 번째는 복종할 자유라는 모순적 명령이다. 이처럼 수많은 모순들이 누적된 결과, 그것은 현실에서 매우 실제적인 '반도덕적 일탈'로 나타났다. 비슷한 계열의 목표에 의한 관리 방식들과 마찬가지로 바트 하르츠부르크 방식은 근본적인 거짓말에 기반하고 있었으며, 피고용인 또는 종업원 들을 처음 약속한 자유로부터 이탈시켜 실제적인 소외로 나아가게 했다. 이것은 결국 잠재적 또는 실제적 실패의 책임을 혼자서 고스란히 떠맡을 필요가 없어진 '지도부Führung'의 막대한 이익과 안위를 위한 것이었다.

이러한 모순과 반도덕적 일탈의 결과는 상상을 넘어섰다. 목표를 정하는 데는 조금도 관여하지 않고 오직 수단이나 방법을 산정하는 데 머무른 결과, 직원이나 종업원 들은 노동에서 소외되었으며, 이것은 다음과 같은 사회심리학적 증상들로 나타났다. 불안장애, 신체적·정신적 탈진, '번 아웃burn out', 그리고 앞으로 '보어 아웃*'이라 불리게 될 '내적 사직' 등이 그것이다. 1983년에 79세가 되어서도 모든 사회 현상에 관심이 많았던 라인하르트 혼은 이 '내적 사직 상태'를 주제로 한두 권의 선구적인 책을 써냈다.[15]

이러한 결함과 위험성에도 불구하고 라인하르트 혼 박사의 처방은 민간 분야뿐만 아니라 공공 분야에서까지 제기되고 있던 조직화 문제들에 대한 만병통치약 혹은 보편적인 해답인 것처럼 보였다. 1969년부터 그의 경영자 아카데미에서는 '현대의 매니지먼트 방식'[16]을 배우고자 하는 행정기관(중앙정부, 주 정부, 그 외 하위 행정기구들) 간부들을 대상으로 '특별 강좌 코스'가 개설되었다. 이 특별 강좌에 필요한 참고 자료로서 학내 출판사에서는 행정관리론 관련 특별 전집을 발간했으며, 1970년 라인하르트 혼 자신도 이 문제를 다룬 448쪽 분량의 두꺼운 책을 펴냈다. 아마 그는 도식이

---

*   Bore out. 직장인들이 직장 생활의 지루함과 단조로운 업무 때문에 겪는 의욕 상실을 뜻한다. 이 이론은 2007년 스위스의 비즈니스 컨설턴트인 필리페 로틀린과 페터 R. 베르더가 발간한 저서에서 처음 다뤄졌다.

나 글머리 기호들로 가득한 실무적 안내서나 매뉴얼 따위를 출간하고 재출간하기를 반복하는 것에 진절머리가 난 것 같다. 이 책에서 라인하르트 혼은 마치 대학교수 겸 공법 전문 법률가로서 정복을 차려입고 강의하듯, 행정과 권력의 기나긴 역사라는 맥락 속에서 '공공 관리'에 관한 논의를 전개했다. 그의 판단으로는 행정 분야나 군대나 경제 분야나 해법은 매한가지였다. 그는 완강한 태도로 이렇게 말한다. "행정관리 양식은 근대국가를 탄생시킨 절대주의 체제로부터 유래했다."[17] 따라서 '행정의 관리 및 조직화에 있어 산업사회의 요구에 부응하고, 행정 분야에 대해서 같은 원칙을 적용하는 파트너로 간주할 수밖에 없는 현대 경제체제에 적응하기' 위해서는 '행정을 개혁'[18]해야 한다.

예전에는 기업을 창업할 때, 조직을 구성하기 위해 행정조직을 모방하고 참조했다. 하지만 그 시대는 이제 수명이 다했다. 지금은 모델과 모방자 간의 관계가 역전되었다. "행정은 이제 더 이상 … 경제 분야에 모델이 되지 못한다."[19] 오히려 '경제 분야에서 선행된 변화를 행정이 따라가야 할'[20] 처지가 되었다. '현대적 매니지먼트 방식을 행정 분야에 전이한다 해도'[21] 전혀 문제될 게 없다. 심지어 이것은 필연적이다. 시대적 논리에 따라, 즉 독일연방공화국을 지배하는 민주주의 및 의회주의 헌법의 논리에 의해 그 필연성은 한층 더 커졌다. 의회의 주도적 행동, 즉 개혁을 위한 법령을 기다려야 할까? "기다릴 것인가 아니면 당장 착수할 것인가?"[22] 라인하르트 혼은 행동 및 실행을 권장했다. 카를 슈미트의 모범적인 제자답게(물론 변절은 했으나), 카를 슈미트가 정상화의 회복을 위해 예외성을 불러들였다면* 라인하르트 혼은 권위적 관계를 종식하기 위해 권위적 행동에 기대를 걸었다.

"행정기관의 책임자라면 누구라도 상부에서 내려오는 법령을 기다릴 필요가 없다. 스스로가 필요하다고 판단하는 것을 실행하면 된다. … 그는 이 새로운 매니지먼트 원리들이 자신의 업무팀 구성원 모두를 위해 필수적인 것인지 여부를 결정할 수 있다. 이것은 권위적인 매니지먼트 방식을 종식하는 최종적인 권위적 행동이 될 것이다."[23]

진취적 정신과 용기로 충만한 지도자들은 전혀 두려워할 필요가 없다. 그들은 더 이상 "주변인이 아니고, 그들 자신의 행동이 시대적 흐름(트렌드)에 부응하는 것이며 진보 정신에 발맞추는 것임을 인식해야 한다"[24].

이처럼 '진보'는 행정기관과 민간 기업, 공공 분야와 민간 분야, 이 둘을 구분하지 않으려는 점진적인 흐름을 의미했다. 두 분야에 동일한 조직화의 원리, 동일한 평가 기준을 적용해야 한다는 것이다. 1930년대에 이미 국가의 쇠퇴와 에이전시들의 확대를 주장했던 라인하르트 혼은 영국, 미국, 스칸디나비아보다 몇 년 앞서 신공공관리론New Public Management의 선구자 혹은 예언자로 떠올랐으며, 신공공관리론은 1980년대 초부터 헬무트 콜 시대의 독일을 필두로 서유럽 각국에서 거의 국가적인 종교가 되었다.

이렇게 해서 민간경제의 원리들이 공공 관리 분야에 적용되었다. 군대에서도 마찬가지였다. 독일연방군 수뇌부는 오래전부터 라인하르트의 연구 성과를 높이 평가해왔으며, 지휘에 관한 현대적 개념들에 끼친 그의 영향은 누구도 부인할 수 없었다. 나치 출신이자 대독일 제국의 열렬한 신봉자였던 그가 민주주의 독일이 내세운 '제복을 입은 시민'이라는 개념을 널리 알리는 '정신적 지도자'가 된 것이다. 그뿐만 아니라 수많은 장교와 부사관 들이 그가 설파하는 말씀과 원리를 전수받기 위해 바트 하르츠부르크로 파견되고 있었다.

8장
신의 몰락

    라인하르트 혼의 과거에 관한 심층적 연구·조사들이 이루어지며 독일 사회는 큰 충격에 빠진다. 이때부터 라인하르트 혼과 그의 아카데미는 중대한 어려움을 겪기 시작했다.

    가장 먼저 좌파 진영, 그중에서도 독일 사회민주주의 계열의 역사적인 일간지 〈전진Vorwärts〉이 공격의 포문을 열었다. 그렇지만 독일 사회민주당도 완전무결한 상태는 아니었다. 라인하르트 혼처럼 박사 학위 소지자이자 교수이며 독일 경제 부흥의 영웅이자 강력한 권력을 행사하고 있던 장관 카를 실러 역시 나치당원이자 나치 돌격대 대원이었다는 과거 전력이 밝혀진 것이다. 훗날 그는 사회민주당을 떠나 자유민주당에 입당하고, 결국에는 극우파 진영의 정치인으로 경력을 마감한다. 그런데 실러 교수의 과거 행적이 아직 수면 위로 떠오르기 전이었던 1971년 12월 9일, 신문 〈전진〉은 「엘리트 조련소, 기업체 보스들이 지휘 방법을 배우는 곳. 바트 하르츠부르크 아카데미 사령부에서 나치 장군 출신 라인하르트 혼이 반反민주주의를 강의하다」라는 제목의 기사로 라인하르트 혼 교수를 공격했다. 이 기사에서 글쓴이는 1950년대 이후 여기저기서 발굴된 자료를 가지고 바트 하르츠부르크 아카데미와 그 설립자를 거세게 비판했다. 이러한 자료들이 모여 1965년 동독의 동베를린에 있는 어느 출판사를 통해 『나치 흑서. 중앙정부, 경제계, 군대, 행정기관, 사법부, 학계 등 현재 서독에서 요직을 차지한 전범과 나치 범죄자들』[1]이라는 책이 출간된다. 여기에서 라인하르트 혼은 두 쪽에 걸쳐 다뤄지고 있는데, '나치 장교, 힘러에 충성한 계관 법률가'로 소개됐다. 〈슈피겔〉지에서 1966년부터 1967년까지 연재된 나치 친위대를 다룬 21편의 시리즈 기사에서도 라인하르트 혼은 일곱 차례나 언급되었다. 같은 해인 1966년, 이 경영학 교수는 나치 전범 추적 및 기소를 맡은 루트비히스부르크 특별수사본부로부터 주목받게 된다. 폴란드의 엘리트층 6만 명의 학살을 계획했던 1939년 9월 11일 베를린에서 열린 회의에 나치 보안대 산하 어느 부서의 책임자로서 참석했다는 혐의를 받았던 것이다. 라인하르트 혼은 강력하게 이를 부인했다. 결국 특별수사본부 측은 몇 차례 심문을 한 뒤 증거 부족으로 기소를 포기했다.

1971년 신문 기사가 나온 뒤, 파장은 엄청났다. 1969년 사회민주당 소속이며 반나치 운동가였던 빌리 브란트 수상이 이끄는 사회민주당과 자유민주당 연립내각이 수립되면서 나치 출신 쿠르트 게오르크 키징거가 이끌어온 대연립의 시대가 막을 내렸다. 그런데 쿠르트 게오르크 키징거가 기독민주당 전당대회 현장에서 베아테 클라르스펠트라는 여성에게 뺨을 맞는 사건이 벌어진다. 그때는 젊은 학생들의 거센 압박으로 수많은 나치 출신 인사에 대한 보복 행위가 공공연히 벌어지던 시기였다. 대학생 중 일부는 자신의 부모 세대 및 독일 공화국의 '파시즘'에 대항하여 직접적인 행동에 나섰다. 실제로 1977년에는 '적군파'라 불리는 단체가 라인하르트 혼의 옛 제자였던 한스 마르틴 슐라이어를 살해하는 일이 벌어지기도 했다. 지크프리트 렌츠, 에리히 케스트너, 귄터 월라프 등 유명 작가들은 국방장관 헬무트 슈미트에게 보내는 공개서한을 신문지상에 실었다. 그로부터 몇 달이 지난 1972년 3월, 마침내 장관이 결단을 내린다. 앞으로 독일연방군은 바트 하르츠부르크 아카데미와의 협력 관계를 중단하겠다는 내용이었다.[2]

나치 친위대에서의 경력으로 발목을 잡힌 데 더해 라인하르트 혼 교수는 1970~1980년대에 이르러 바트 하르츠부르크 방식의 이론과 실무 두 가지 측면 모두에서 회의적인 시선에 부딪히게 된다. 지나치게 세부적이고 관료주의적이라서 무겁고 운용하기가 쉽지 않다는 비판을 받은 것이다. 실제로 라인하르트 혼은 수많은 저서를 통해 '책임의 위임을 통한 관리론'을 제시하고 경제적 생산에 적용되는 임무형 전술Autfragstatik의 장점들을 선전하는 데 그치지 않았다. 그는 또한 수많은 사례 연구를 통해 '책임의 위임을 통한 관리론'이 어떻게 실행되어야 하는지를 상세하게 설명했다. 요약해서 말하면, 그의 아카데미에 교육받으러 오는 기업체 간부들은 그 방식을 적용하기 위해 무려 315가지나 되는 규칙들을 이해하고 습득해야 했다. 그중에는 직원이나 종업원의 인사 카드를 작성하는 매우 세부적인 규칙을 비롯하여 일반 직원과 부서 책임자 간의 관계와 소통을 규정하는 갖가지 규범들까지 포함되어 있었다.

1972년에 시사 주간지 〈디 차이트〉는 라인하르트 혼의 '책임의 위임'[3] 모델에 위협적이고 경쟁적인 새로운 매니지먼트 방식들을 소개하는 방대한 기사를 실었다. 이 새로운 방식들은 스위스, 특히 미국으로부터 도입된 것이었다.

1980년대는 대학이나 여러 교육기관에서 바트 하르츠부르크 방식이 뚜렷하게 퇴조하던 시기였다. 라인하르트 혼이 이론을 연구하고 개발하던 그 1950년대부터 피터 드러커가 개발한 미국식 '목표에 의한 관리론'에 의해 떠밀렸기 때문이다. 미국식 '목표에 의한 관리론'은 라인하르트 혼의 매니지먼트 이론보다 더 가볍고 유연한, 한마디로 더욱 리버럴한 버전으로 떠올랐다. 교수인 데다 나치 친위대 고위 공직자였던 그가 ('목표에 의한 관리'와 마찬가지로) 통제에 기반하며 서류와 인사 카드, 규칙과 온갖 종류의 직인으로 가득했던 프로이센식 행정 시스템으로부터 완벽하게 벗어날 수는 없었을 것이다.

1979년 독일 〈매니저매거진〉은 꽃 한 송이, 화환 하나 없이 라인하르트 혼과 그의 이론의 장례를 치렀다. 그의 이론을 따른다는 것은 아직도 '석기시대'에 머물러 있는 것이나 마찬가지라고 썼던 것이다. 1974년에 이미 이 월간지는 창간 70주년 기념호에서 라인하르트 혼이라는 인물을 매우 비판적으로 묘사했다. 그 인터뷰 형식 기사는 교수 경력 50년차였던 라인하르트 혼의 교수로서의 자질은 높이 평가하면서도 그가 내세웠던 이론의 문제점과 한계에 대해 의문을 쏟아냈다. 라인하르트 혼이 개발한 매니지먼트 모델에 내재한 취약한 부분들이 그가 강의실에서 보여주는 현란한 강의 스킬을 통해 대충 보완 또는 만회됐다는 것이다. 그렇다고 해도

'위임에 의한 관리', 이것은 엄격하고 관료주의적이라는 점에서 모든 매니지먼트 모델들 중 가장 독일다운 관리 모델임은 분명했다. 1983년, 비즈니스 세계에서 레퍼런스가 될 만한 한 권의 책을 출간함으로써 라인하르트 혼은 독일 비즈니스계에 한 획을 긋게 된다. 79세가 된 나치 출신 학자가 마침내 경영학의 원로Oldtimer가 된 것이다.[4]

학장의 과거 전력 때문에 엄청난 시련을 겪고 있던 바트 하르츠부르크 아카데미가 1989년 결국 파산한다. 이후 학교의 업무는 몇 개로 분리되었다. 라인하르트 혼의 옛 제자인 다니엘 핀노프가 경영자로 있었던 기업 코그노스가 '아카데미Die Akademie'라는 이름의 학위 과정을 인수했으며, 원격 교육 과정은 '바트 하르츠부르크 비스니스 아카데미Wirtschaftsakademie Bad Harzburg'라는 이름으로 독립한다. 라인하르트 혼이 학장으로 재직했던 기간 중 최고로 번영했던 시기에는 일 년에 35,000명의 수강생이 들어왔던 반면, 분리되고 난 뒤에는 한 해 평균 대략 10,000여 명에 머물렀다. 어쨌거나 나치 출신 법률가이자 친위대 장군이었던 라인하르트 혼은 지금까지도 여전히 그 학교에서, 또한 학교 인터넷 홈페이지에서는 매니지먼트 이론의 훌륭한 사상가이자 위대한 학교 창립자로 칭송받고 있다.

1990년대 들어 라인하르트 혼은 더 이상 강단에 서지 않았으며, 자신의 저서 중 일부를 재출간하는 일에 전념했다. 91세가 되던 1995년에 그의 생애 마지막 책이 출간되었으며, 2000년에 만 96세를 얼마 앞두고 세상을 떠났다. 독일 언론들은 고인을 추모하는 기사에서 천재적인 매니지먼트 이론가, 능력 있는 교육자, 지칠 줄 모르는 학자라고 그를 칭송했다.

그의 이론이 위기를 맞게 된 까닭은 경제 문화와 정치 문화 간의 부조화 때문이 아니라, 이론의 창시자 개인, 이제는 공공연한 사실이 돼버린 그의 나치 전력 때문이라는 점은 매우 의미심장하다. 독일연방공화국은 자신의 정치 문화와 완벽하게 합치되는 바트 하르츠부르크의 매니지먼트 방식을 기꺼이 받아들였다. 서독의 질서자유주의는 제한적 자유를 옹호했으며, 사회적 시장경제는 계급투쟁 및 '볼셰비즘'으로의 지향을 사전에 방지하기 위해 참여와 공동 경영을 통한 대중의 통합을 목표로 했다. 라인하르트 혼은 원칙이자 이상이었던 자신의 기본적인 이념적 틀, 즉 '되도록이면 폐쇄된' 공동체 이념을 결코 포기하지 않았다. 실제로 이러한 공동체는 1949년 이후 산업체, 국가, 군대의 기반들을 '재건'했던 주체였다. 전후의 각 분야 간부들은 모두 제3제국 아래 단련된 자들이었으며, 그중 다수가 나치 친위대 산하 보안대 출신이었다. 개인적 전향(직종 변경)이나 이념적 전향(사상의 변화)은 대체로 큰 불편함 없이 이루어졌다. '게르만의 자유'는 그냥 자유가 되었으며, '국가 무장을 위한 노력'은 국가 재건 사업이 되었고, '유대계 볼셰비키'라는 적은 아주 단순하게 '소련군'으로 치환되었을 뿐이었다. 라인하르트 혼은 1945년 이전이나 이후나 그때그때 자신의 시대를 충실히 살았던 인물이었다.

그런데 오히려 지금에 와서 그 문제가 다시 불거지고 있다. 즉 인류사에서 유례를 찾아볼 수 없을 정도로 유일무이한 오늘날의 자유주의적 정치사회가 왜 유독 경제 분야에서만큼은 자신의 가장 기본적인 원칙들과 명백하게 대립하는 방식 및 관행을 용인할 수 있을까? '공포와 불안감에 의한 매니지먼트', 그리고 개인들이 일개 '노동 요소', 순수 '인적자원' 또는 '생산자본'으로 환원돼버리는 거의 절대적인 소외, 이런 것들은 '세계화' 및 경쟁적 상황을 지향하는 오늘날 현대사회에 이미 너무나도 잘 적응해버렸다. 이것은 1940년대에 이미 게르만 광역권으로 통합된 단일 경제 공간을 꿈꾸었던 라인하르트 혼 자신도 예상치 못한 일이다. 어쨌거나 이 새로운 환경에서 그의 방식은 아직 실행 중이다.

최근 몇 년 새 실제로 라인하르트 혼과 바트 하르츠부르크 방식은 또다시 대중적 관심 대상으로 떠올랐다. 1950년대 이후 독일 소비 사회의 상징적 기업이자 '디스카운트'를 처음으로 시행한 독일 대형 마트 체인 '알디'의 한 간부가 2012년 어느 지점의 담당 매니저로서 체험한 고통스러웠던 경험을 책으로 출간한다. 이 책 『싸구려 기업 알디. 알디 출신 매니저가 모든 것을 폭로하다』[5]에서 저자 안드레아스 슈트라우프는 통제와 정신적 학대가 일상화된 그 억압적인 세계를 상세히 묘사했다. 그런데 기업 알디에서 펴낸 간부들을 위한 매뉴얼에 잘 나와 있듯이(이 책의 프랑스어 번역판 제목은 『부서별 책임자 매뉴얼』이다) 알디는 회사 창설 초기부터 바트 하르츠부르크 경영 방식을 당당하게 내세우고 있었다. 이 책에서 '협력자 관리'라는 항목 M4의 내용은 다음과 같다.

"부서 책임자는 하르츠부르크 모델을 적용함으로써 팀원 전체와의 토론을 확대해 나갈 수 있도록 노력해야 한다. 이 매니지먼트 모델의 가장 큰 특징은 '위임의 원칙'인데, 이것은 협력자에게 업무와 책임을 넘겨줌으로써 협력자는 상관으로부터의 비판적 검수와 통제를 받아들이는 것을 가리킨다. 상관은 협력자 개인마다 각자의 목표와 실현 기간을 지정한다. 그의 역할은 협력자들의 능력을 인정하고 증진하는 것뿐만 아니라 '대화'에 기반한 '건설적인 비판 및 조언을 하는 것이다."[6]

이 부분은 문장력이나 언어 구사 수준에서 특별할 게 전혀 없지만, 꽤 설득력이 있다. '건설적인 비판'이라는 표현, '대화'를 강조한다는 점에서 이것이 바트 하르츠부르크 방식에서 유래했으며 그 방식을 실제적으로 적용하고 있다는 사실은 의심의 여지가 없다. 그런데 여기서 가장 핵심적인 것은 '목표'의 지정 및 실현 '기간'의 설정, 그리고 '통제'의 행사에 있다. 이것이 바로 안드레아스 슈트라우프가 지적한 내용이며, 뒤이어 나온 2012년 4월 30일 자 독일 시사 주간지 〈슈피겔〉에 실린 그 '통제에 열광한 기업'[7]을 다룬 심층 기사 내용이기도 하다. 책의 저자는 주간지와의 인터뷰에서 다음과 같이 주장했다. "그 시스템은 전적인 통제와 두려움으로 유지되고 있다."[8] 그는 '수익의 극대화'를 보장하기 위한 것이라면 모든 게 허용되는 것 같았다고 말한다. 즉 업무 및 업무 수행 기간의 통제는 일상화되었으며, 곳곳에 설치된 카메라가 직원들이 일하는 장면을 상시 촬영한다는 것이다. 이러한 방식의 위법성 때문에 알디 측은 마트 캐셔의 수행 능력을 평가할 목적으로 '구매 테스트'를 위한 '조사관'을 매장에 파견했다. 모든 잘못과 실수가 기록되었고(잘못이나 실수 한두 번쯤은 없을 수가 없다!), 때가 되면 이것들은 해고를 정당화하는 구실이 되었다. 누군가를 해고할 때는 모든 조사 내역이 소환되었다. 긴장감 속에서 진행되는 면담 과정에서 완벽하게 의도된 '압박의 상황이 연출된다'. '두세 명의 간부가 비난의 말들로 해고 대상자를 몰아붙이면', 그는 곧 심리적으로 무너지고 정당한 계약의 종결Aufhebungsvertrag이라는 사측의 요구를 받아들일 수밖에 없다. 이렇게 되면, 회사는 해고수당 대신 그보다 훨씬 더 낮은 액수의 보상금을 지급하는 선에서 마무리 지을 수 있다. 이처럼 극단적인 상황은 아니더라도, 안드레아스 슈트라우프나 〈슈피겔〉지 기자들에 따르면 이러한 긴장감 전략은 일상화되었다. "정신적 학대 및 엄청난 압박감은 늘 존재했다."

슈트라우프가 근무하던 남부 알디엔 노사 대표가 참여하는 '기업운영위원회'가 존재하지 않았으며, '완전히 배제된 상태였다. … 알디의 경영방식은 다음과 같이 명확했다. 즉 누군가로부터 간섭받는 것을 아무도 바라지 않는다'. 따라서 조사관을 조사하기 위한 부서나 기구는 따로 존재하지 않았다.

맺음말

라인하르트 혼이 독일 경제인연합 산하 싱크탱크인 '국민경제협회Volkswirtschaftliche Gesellschaft'에 발탁되어 바트 하르츠부르크 경영자 아카데미 설립을 준비하던 1954년, 나치 점령기에 프랑스 지롱드 지역 도청 사무국장이었으며 전후에는 코르시카 및 알제리 콘스탄틴 지사를 지낸 모리스 파퐁이 『책임자들의 시대』[1]라는 제목의 매니지먼트 개론서를 출간했다. 후일 파리 경찰청 사무국장직에 오를 그는 이 책에서 서술적이고 단조로운 문체로 공공 분야나 민간 기업에서 최대 이익을 내기 위해 결정권자들이 알고 있어야 할 지침 사항들을 매우 지루하고 엄숙하게 나열했다. 행정기

복종할 자유

관 밖으로의 전직, 또는 한참 뒤인 1967년에 있을 민간 기업으로의 이직을 위한 준비 과정이었을까? '알제리 사태'에 항의하는 1961년 10월 17일 시위대를 상대로 한 철저한 진압 사례가 보여주듯, 그는 파리경찰청 수뇌부에 충성을 다 바쳤다. 그 후 그는 남부항공(프랑스 항공기 제작 회사 아에로스파시알의 전신)의 최고경영자가 되었으며, 다음으로는 하원의원을, 지스카르 데스탱 대통령 임기 후반 레이몽 바르 총리가 이끌던 내각에서는 예산장관을(1978년부터 1981년까지) 지내는 등 정치인으로서 경력을 쌓아 나갔다.

예전 프랑스에서 '조직론'이라 불렸던 매니지먼트론은 노동의 조직화, 업무의 분배, 권한 및 책임에 대한 정의와 같은 것들을 연구하는 학문 분야다. 그런 이유로 매니지먼트는 볼셰비키 혁명 시대의 러시아-소련이나 나치 독일에서 그랬던 것처럼 19세기 말부터 앙리 페이욜의 프랑스, 테일러의 미국과 같은 자유주의적 자본주의라는 환경에서도 크게 번성할 수 있었다. 마치 과학처럼(그런데 자연과학이 진정으로 그랬던 적이 있었을까?) 매니지먼트는 중립적인 도구가 되었으며, 어린이 환자를 돌보는 요양원에서 또는 공격용 장갑차를 제조하는 공장에서 원활한 운영을 보장하기 위해 쓰일 예정이었다. 이것은 틀림없는 사실이지만, 판단하기에는 아직 때가 일렀다.

이론상으로나 실무적으로나 하나의 독립적인 학문으로 자리 잡게 된 매니지먼트는 특화된 학교에서(프랑스의 경우, '상업'학교, '비즈니스' 스쿨, '매니지먼트' 학교라는 이름으로 존재한다) 다양한 종류의 강좌를 탄생시켰으며, 연관된 정부 부서 및 직종 들을 만들어 냈는데, 이 매니지먼트는 어떤 '독특한 사회적 조직화'를 나타내는 징후이자 진조 증상이었다. '책임자들의 시대', '지도자들의 세기'[2], '프로세스'의 시대, 이것들은 19세기 후반기부터 나타난 대규모 생산구조, 산업 시대의 대중 '관리', 노동 분업(전문화된 업무 및 기능들)의 시대이기도 하다.

예전에 상점이나 작업장(아틀리에), 또는 공장(매뉴팩처*)에서 통용되던 것들이(직관, 개인 간의 관계, 즉흥성) 거대해진 생산 단위, 대중화된 노동자 집단에게는 더 이상 적용할 수 없게 되었다. 대량생산의 시대는 물론 지도자들의 시대였지만, 또한 기술 고문[3]의 시대, 더 나아가 조직화, 경영, 매니지먼트 분야 전문 컨설턴트의 시대였다. 환상이 사라져버린 시대, 변화시켜야 할 물질 및 지배해야 할 자연의 시대에서 최종적으로 지향하는 바는 생산성과 이익,

---

* 자본주의 생산 초기 발전 과정에서 나타난 과도적 경영 양식인 공장제 수공업

좀 더 정확히 말하면 생산성의 증대와 이익의 극대화로 귀착되었다. 이러한 사고는 매우 보편화되었다. 르노사의 비양쿠르 공장 또는 시트로앵사의 자벨 공장에서부터 포드 T형을 생산하는 엄청난 규모의 디트로이트 공장까지, 국가 발전을 위한 5개년계획을 추진 중이었던 스탈린 시대의 소련에서부터 나치 독일에 이르기까지, 모두가 그러했다.

그런데 나치 독일이 매니지먼트 및 모더니티modernity 개념을 다시 생각해볼 수 있게 하는 흥미로운 전망대를 제공한다. 즉 특정 이념의 절대적인 영향 아래 놓여 있던 나치 독일은 조금은 케케묵은 어떤 프로젝트(기원으로의 회귀, 생존경쟁)를 위해 현대적인 과학, 기술, 조직론 차원의 모든 자원을 동원하고 활용한 '어떤 반동적 모더니즘'[4]이 구현되고 있던 역설적 장소였다. 1933년부터는 나라 전체를 거대한 노천 감옥 혹은 대규모 강제수용소라 불러도 좋을 만한(독일 국민 중 일부분이 피해자였으나, '우수한 혈통'에 속한 것으로 간주되거나 정치적으로 순응적 태도를 보여준 대다수 국민은 그렇지 않았다) 그 나라에서 합의를 도출하고 더 나아가 지지를 얻어내고자 했던 의지 또한 우리 눈에는 매우 역설적이다. 철조망과 감시탑, 확성기(프로파간다)와 곤봉(탄압)의 결합을 훨씬 뛰어넘는 나치 독일은 매우 복합적인 조직체였다. 만족감이라는 보상을 줌으로써 지지를 얻어내고자 한 나치 독일 권력은 자국민과 (적어도 암묵적으로나마) 늘 협상 중이었다. 그러다가 전쟁과 파탄이 최고조에 이르렀던 1944년 가을부터는 주저하거나 미온적 태도를 취하는 자들, 나아가 저항하는 자들에 대한 폭력이 끊임없이 이어졌다.

억압적이라기보다는 참여적인 이러한 정치적 현실에는 어떤 이념적 의미 혹은 목표가 내재하여 있었다. 그것은 계급투쟁 사회가 아닌, 민족동지Volksgenossen 공동체, 다시 말해 자유주의적 개인주의나 마르크스주의 같은 해롭고 거짓된 사상들로부터 벗어난, 생명 혹은 삶을 위한 투쟁 속에 하나로 통합된 독일을 만들려는 시도였다.

그 정치적 현실에는 또한 경제적인 이유도 내재하여 있었다. 즉 국제사회라는 원형경기장에서 존재감을 드러내려면, 역사라는 맹수들의 각축장에서 인정받으려면, 다른 국민 또는 다른 민족과의 경쟁에서 살아남으려면, 또한 지체된 것을 만회하려면 독일은 더 많이 생산하고 더 넓은 지역을 지배해야 했다. 더 많이 생산한다는 것은 강한 군사력을 키워내고 무기를 생산함으로써 1918~1919년 패전의 멍에를 안은 채 중단해야 했던 전쟁을 재개할 수 있게 됨을 의미한다. 더 넓은 지역을 지배한다는 것은 '생활권', 독일 국민을 위한 '비오톱', 다시 말해 독일 산업을 위한 배후지, 원자재(폴란드의 목재, 러시아의 철광석 등)와 에너지(코카서스 지역의 석유, 우크라이나의 곡물)를 공급하게 될 배후 기지가 될 수 있는 지역을 정복한다는 뜻이다. 독일 제국은 본래부터 천연자원이 매우 빈약했으며, 독일 국가의 정당한 야망과 게르만 민족의 우월성에 비해 영토가 매우 척박함을 히틀러 자신도 한탄한 바 있었다.

독일의 생산성을 위해서는 할당받은 업무의 필요성을 납득하고 열성적으로 작업에 임하는 노동자와 직원 들이 필요했다. 이렇게 해서 나치의 인력 지도·관리Menschenführung가 옛 시대의 경직되고 권위적인 행정Verwaltung을 대신하게 되었다. '노동력', '인적 자본' 혹은 '인적자원'은 자유롭고 행복할 때, 자율적이고 자기 주도적일 때(아니면 혹시라도 그렇다는 환상을 갖고 있을 때) 비로소 효율성과 수익성을 완벽하게 창출할 수 있기 때문이었다.

관념론, 정치학, 경제학이 혼합된 나치의 인력 지도·관리 Menschenführung, 이 매니지먼트 사고는 제3제국의 특징을 나타내는 몇 가지 주요 표현 중 하나로, 30여 년 전부터 문화사[5] 및 사회사[6] 분야 연구자들이 줄기차게 꺼내드는 문제이다. 어쨌든 그 체제는 합의를 도출하는 것을 목표로 한다는 점에서 참여적 체제였다.

이처럼 가장 억압적인 것처럼 보이는 체제가(재차 강조하지만, 실제로 수십만 독일인이 '정치적' 또는 '인종적' 문제로 희생되었다) 비권위적 조직화 방식에 관한 연구 작업에 힘을 실어주고 재정적 지원을 했다. 라인하르트 혼은 그 모델이 전형적인 독일식이자 프로이센식이라고 생각했으며, 이러한 견해를 끝까지 고수했다. 1806년 이후, 패전의 충격 속에서 프로이센군의 개혁가들은 대혁명과 제정 시대 프랑스 국민군이 누렸던 자율성의 희열을 자국의 부사관과 병사 들에게 조금이나마 맛보여주려고 '임무형 전술Auftragstaktik'을 고안해냈다. 이 경우, 명령은 모호하고 포괄적이어야 하며 목표를 지정하는 데 머물러야 한다(예를 들어 '해가 지기 전에 어느 고지를 점령하라'처럼). 명령을 받은 자에게는 그 목표에 도달하기 위해 가장 적합한 길 또는 수단이나 방법을 선택할 수 있는 자유가 있다. 이렇게 자율성이 확대됨으로써 더 큰 책임감이 뒤따른다. 임무가 성공적으로 완수된다면 다행이지만, 혹시라도 실패한다면 그것은 임무를 완수하지 못한 자의 개인적인 결함의 증거물이 된다. 따라서 자율성이란 겉치레에 불과하다. 부하는 수단을 선택하는 데 있어 자유로울 수 있으나, 목표를 정하는 데 있어서는 결코 자유롭지 않다.

조직화 및 군 역사 문제에 관심이 많았던 법률가이자 나치 친위대 장군 라인하르트 혼은 '임무형 전술' 개혁이야말로 '행동의 자유'에 대한 최고의 경지라고 생각했다. 1945년 이후, 특히 1956년 바트 하르츠부르크 경영자 아카데미의 개교 이후 그는 이 군사 및 행정 분야의 모델을 민간 경제 분야로 옮겨 놓았으며, 그 자신은 서비스업 및 산업 분야 매니지먼트 이론가로 직종 변경했다. 그는 수십 권의 책과 수천 회의 강좌를 통해 이 '임무형 전술'을 적어도 겉보기에는 반권위적인, 따라서 민주주의적이고 '연방공화국다운' '위임에 의한 관리management by delegation'라는 경영 방식으로 변모시켰다. 독일연방군은 (일정 부분 라인하르트 혼의 권고에 따라) '내적 지휘innere Führung'(병사의 자율적인 지휘권)라는 원칙을 채택했으며, 독일의 기적적인 경제성장을 이루는 데도 이 '책임의 위임' 방식이 기여한 바가 적지 않았다. 1956년부터 1972년까지 라인하르트 혼과 그의 팀원들이 양성한 기업체 간부는 20만 명이 넘었으며, 그 후로 라인하르트 혼이 세상을 떠난 2000년까지는 대략 50만 명에 달했다.

권위적이지 않으면서 위계적인 그의 매니지먼트 방식은 '협력자들'에게 '약간의 수정을 가한' 자유를 누릴 수 있게 하는 것이었다. 그것은 자기 스스로 결정하지 않은 것을 최선을 다해 수행함으로써 성공하는 자유였다. 1945년 이전에 주장했던 것의 완벽한 연장선상에서 라인하르트 혼은 참여적인 조직체를 구상했다. 1945

년 이전에는 노동자와 직원이 지도자Führer의 계급적 적수가 아니라 그의 동지Betriebsgenosse였다. 1949년 이후 독일연방공화국에서는 '참여'라는 개념이 보편화되었으며, 콘라트 아데나워와 루트비히 에르하르트는 계급투쟁 및 공산주의의 유혹이라는 위험성을 사전에 방지하고자 이른바 '공동 경영'에 호의적이었다. 이러한 상황에서 바트 하르츠부르크 원칙은 기업과 군대, 그리고 행정기관에서 마치 공인된 교리문답서 같은 역할을 했다. 그 원칙이 보장한다고 주장하는 자율성과 자유 덕분에, 민주주의와 자유주의 경제라는 새 시대의 진리들과 아주 잘 어울리는 공장 및 국가의 새로운 종교가 된 것이다.

라인하르트 혼은 종전 당시 장군 계급장을 달고 있었던, 나치 친위대 산하 보안대의 고위 책임자였다. 군대와 민간 산업 분야의 교육을 위해 간부들을 바트 하르츠부르크에 파견한 당사자들도 이 사실을 모르지 않았다. 이 학교에는 다른 두 명의 나치 친위대 고위 책임자 출신, 유스투스 바이엘 그리고 마케팅을 강의하는 교수로 변신한 프란츠 알프레드 식스가 있었으며, 그 외에도 우생학과 인종주의 신봉자였던 나치 의사 쾨차우 교수는 피로에 찌든 기업체 간부들을 상대로 다이어트 및 에르고노믹스* 관련 상담을 하면서 장사를 하고 있었다. 그런데 이제 곧 시대가 변하고 세대가 바뀜에 따라 독일 사회민주당이 집권하게 되었고 마침내 1971년부터 라인하르트 혼의 운명이 뒤바뀌게 된다. 그의 과거 경력을 둘러싼 소문들이 학교에 피해를 끼쳤으며, 그의 매니지먼트 방식은 지나치게 경직되고 팀워크 또는 '팀 빌딩' 같은 새로운 노동 양식에 대해 지나치게 폐쇄적이라는 비난에 직면한다. 이러한 상황에서도 라인하르트 혼은 1995년까지(이때 나이가 91세였다) 줄기차게 책을 출간했으며, 2000년 5월 그가 세상을 떠났을 때 언론에서는 좌우를 가리지 않고(우파 성향의 〈독일 프랑크푸르터 알게마이네 차이퉁〉에서부터 좌파 〈쥐트도이체 차이퉁〉에 이르기까지) 현대 경영학의 위대한 사상가로 그를 추모했다. 사상적 전향과 제2의 인생을 훌륭하게 성공시킨 이념가이자 급진적 테크니션으로서 라인하르트 혼의 인생에는 많은 것이 담겨 있으며, 그의 인생 역정은 냉전 시대의 독일과 유럽에 대해 많은 것을 알려주고 있다. 어쨌든 나치 친위대 출신들 간의 긴밀한 유대 관계는 박사이자 교수이며 나치 친위대 오베르퓌러였던 라인하르트 혼이 개인적인 사업을 원활하

---

* 1960~1970년대의 인간공학

게 하고 그의 재정적 성공을 보장하는 데 엄청난 역할을 했다.

그의 인생은 또한 현재 우리가 몸담고 살아가는 세계를 읽어내고 이해하는 데 필요한 일종의 비유라고 할 수 있을 것 같다. 라인하르트 혼은 과거 나치 시대에 그를 움직이게 했던 것, 1945년 이전에 '열등 인간', 타민족, 유대인에 관해 자기가 주장했던 것들을 포기했을 만큼 명석하고 노련한 인물이었다. 전후 그의 저술에서는 나치 세계관에서 가장 기본적인 반유대주의나 인종주의 흔적을 더 이상 찾아볼 수 없다. 그렇지만 군 역사에 관심 많았던 그 법률가에게 한 가지는 분명히 남아 있었다. 그것은 삶이란 곧 전쟁이므로 효율적이고 성과를 낼 수 있는 조직화의 방법과 비결은 당연히 독일 군대의 사상가들에게서 찾아야 한다는 사고방식이었다. 워커홀릭, 지칠 줄 모르는 교육가, 거의 모든 분야를 아우른 다작의 저술가, 탄탄한 인맥을 자랑하는 꾸준한 활동가였던 라인하르트 혼이 나치즘으로부터 계승한 것은 생존경쟁에서든 경제 전쟁에서든 누구나 성과를 낼 수 있어야 하며 성과를 낼 수 있도록 격려하고 뒷받침해야 한다는 사고였다. 바로 이 경직된 사회적 진화론은 1950~1970년대 '경제 기적'의 시대에 마치 물 만난 고기처럼 거리낌이 없었다. 고성장·생산성·경쟁, 이것들은 나치가 생산과 지배를 향해 거침없이 질주하던 과정에서 최고 전성기를 맞았던 개념들이었다. 생존경쟁Lebenskampt에서 승리siegen 하기 위해서는 수익성, 성과를 낼 수 있는 능력 및 생산성을 갖춰야 하고leistungsfähig 경쟁적 세계Wettbewerb에서 살아남아야sich durchsetzen 한다는 것이다. 이와 같은 나치식 사고의 전형적인 어휘들은 1945년 이후 라인하르트 혼 자신의 언어가 되었으며, 지금 이 시대에는 우리들의 일상적인 어휘가 되었다. 나치가 이러한 말들을 만들어낸 게 아니었다. 나치는 1850~1930년대 서구의 군사, 경제, 우생학 분야의 사회적 진화론을 계승했을 뿐이었다. 그렇지만 나치는 그 어휘들에 다시 한번 생명을 불어넣고 빛나게 했으며, 그 결과 지금 이 시대를 살아가는 우리가 자신이 누구인지, 무엇을 사고하고 행동하는지 깊이 생각하고 연구할 수 있는 계기를 마련해주었다.

기계 중의 기계, 즉 탁월한 기계인 우리 인간은 스포츠센터에서 신체를 강철stählern처럼 튼튼하게 단련해야 하는가? 우리는 '싸워야' 하고 '전사'가 되어야 하는가? 우리의 삶을, 사랑을, 감정을 '관리'함으로써 경제 전쟁에서 승리라는 성과를 낼 수 있어야 하는가? 이러한 사고는 자아, 타자, 세계의 물상화, 다시 말해 모든 존재들을 '사물' 또는 '요소'(예를 들어 '생산 요소')로 환원시켜버리는 결과를 초래하며 결국에는 탈진 및 피폐에 이르게 한다.

라인하르트 혼의 사례가 이 점을 잘 보여준다. 즉 '매니지먼트'와 매니지먼트의 시대는 중립적이지 않으며, 1890~1970년대 유럽과 미국에서 최고 전성기를 누렸던 대중의 시대, 생산과 파괴의 시대와 밀접하게 연관되어 있었다. 그러다가 1973년과 1979년 두 차례의 석유파동으로 첫 번째 타격을 입었으며, 두 번째 충격은 아마도 2000년대부터 시작된 것으로, 오늘날의 열熱 기반 산업 문명, 그리고 현재 우리의 생활방식 및 생산방식이 조만간 인류의 삶 자체를 위협하리라는 인식이 날로 커지는 것에서 비롯하였다.

자연 및 생산 현실과 단절되고, '노동을 통한 자아실현'이라는 이상이 사라져버리고, 각자 자신의 직업에서 찾을 수 있는 의미와 즐거움이 점차 소멸하는 현실 앞에서 우리 현대인들은 '조직structure'으로부터, 또한 그 조직이 만들어내는 문제들로부터 분리되고 소외되는 현상을 경험하게 되었다. 농업이나 수공업 같은 전통적 생산에서는 토양이나 재료 같은 구체적이고 실제적인 문제들에 맞부딪혔다. 그러나 3차산업 및 21세기 가상현실의 시대에는 노동의 조직 자체가 유일한 현실이 되어버린 듯하다. 오늘날 현대 사회에서 '직업career'의 범위가 '직업job'을 얻고 나서 평가받고 남을 평가하는 것에 한정되는 경우가 적지 않다. 이 경우, 직업 자체가 목적일 뿐 다른 목적은 존재하지 않는다. 이것이 바로 전적으로 무의미하며 쓸모없는 직업, 이른바 '불쉿 잡bullshit job'[7]이다. 다달이 집으로 날아드는 각종 청구서 납부를 위해, 시간을 보내기 위해, 또는 사회적 표준에 필수적인 요건들을 충족하기 위해 그 일을 할 뿐이다. 이 세계에서는 '매니지먼트'가 절대적인 존재가 되고, 우리가 직면하는 가장 고통스러운 문제들(극단적인 경우, 자살에 이르는 신체적·심리적인 고통들)은 매니지먼트 자신이 만들어낸 것들이다.

바트 하르츠부르크 모델이 다른 경영방식들에 비해 더 나쁜 것은 아니었다. 예전보다 덜 권위적인 내일을 약속하는 듯한 면이 없지 않았다. 그러나 결국 자유를 찬양하던 나치만큼이나 이율배반적이고 반도덕적인 것으로 드러났다. 오늘날의 매니지먼트 현실을 관찰해보면, 이제 더 이상 낙관론을 펼칠 수가 없다. 직장 상사의 소소한 갑질에서부터 사내 문제로 인한 비극적인 결말에 이르기까지, 2008~2009년 프랑스텔레콤 소송 사건*에서부터 아마존

---

* 2000년대 중반 프랑스텔레콤은 대규모 구조 조정을 단행한다. 경영진은 직원들의 퇴사를 앞당기기 위해 의도적으로 근무 환경을 악화하거나 공포 분위기를 조성하는 등의 불법적 방법을 시도했다. 그리하여 31명의 노동자가 자살을 시도했고 그중 19명은 죽음을 맞았다. 특히 CEO 디디에 롱바르는 고위 관리자들에게 '창문을 통해서든 문을 통해서든 어떤 식으로든 그들을 내보내겠다'라고 말한 것으로 알려져 많은 이를 경악에 빠뜨렸다. 이 사건으로 2019년 프랑스 법원은 롱바르를 포함한 3명의 임원에게 징역형을 선고했다.

물류센터 사태*에 이르기까지 이 모든 사회 현실과 사법적 실상은 지금 이 시대 생산조직의 매우 어둡고 불안한 면모를 그대로 드러낸다. 이것은 어떻게 해도 피해갈 수 없는 운명일까? 매니지먼트라는 사고 및 현실에 있어 모든 것이 문제적이며 해롭고 반도덕적인 것일까? 이런 것들을 두고 원죄 혹은 낙원으로부터의 추방을 거론하거나 피할 수 없는 인류의 숙명이라 말하기에 앞서, 문제의 근본 원인을 노동의 세계에서 이미 율법 혹은 예언자가 돼버린 '매니지먼트론'에 대한 거의 맹목적인 추종에서 찾아야 하지 않을까? 율법이 되었다고 말한 까닭은 매니지먼트론이 대개 진부하고 흥미롭지도 않으며 지적으로도 너무 빈약한, 노동관계에 대한 이론화 작업일 뿐인데도 마치 만능 비책이나 변명거리라도 되는 양 끊임없이 원용된다는 점 때문이다. 또한, 예언자가 돼버렸다고 말한 까닭은 '매니지먼트'라는 단어가 때로는 환유적으로 쓰인다는 사실 때문이다. 즉 매니지먼트가 이론적 작업이나 원칙을 가리킬 뿐

---

* 아마존 물류센터의 노동 환경은 비인간적인 것으로 악명이 높다. 미국 비즈니스 전문 잡지 〈엔터프리뉴〉의 기사에 따르면 부족한 시설과 엄격한 시간 통제로 적잖은 근로자들이 강제로 소변을 참거나 병에 해결하는 방식으로 볼일을 본다고 한다. 2011년 펜실베이니아에 위치한 아마존 창고에서 탈수나 일사병으로 쓰러진 직원이 속출했지만 아마존은 에어컨을 개선하는 대신 창고 밖에 구급차와 구급대원을 대기하도록 조치했다. 이와 같은 가혹한 노동 환경은 뉴욕타임즈 BBC와 같은 유수 언론에서 수차례 다뤄진 바 있다.

만 아니라 그것을 적용하는 자들을 (마치 토템이나 우상처럼, 예를 들어 황금 송아지일 리는 없고 납 송아지를 떠받들 듯이) 가리키는 경우가 실제로 존재한다.

더욱 심층적으로는, 노동계약에 내재된 종속 관계에서 문제의 원인을 찾아야 할 것 같다. 노동계약에서 수행자 X는 상관인 Y가 지정한 업무를 수행해야 한다고 규정되어 있다. 그런데 수행 방식이 어떤 것인지, 명령하는 자와 생산하는 자 간의 관계의 성격이 어떤 것인지는(권위적 관계인지 자유로운 관계인지, 정신적 학대 관계인지 신뢰 관계인지) 아무런 상관이 없다. 업무 수행자에게 부여되는 자율성 문제는 조직 연구자들 모두의 관심사였으며, 여기서 매니지먼트에 관한 모든 이론 또는 방식이 탄생했다. 앙리 페이욜의 군대처럼 엄격한 '종속'에서부터 '모든 구속에서 벗어난' 기업이라는 최근의 관행에 이르기까지, 또한 '구속과 성과'에 관한 모든 스펙트럼, 즉 목표, 스트레스, 공포에 의한 권위적인 매니지먼트에서부터 그에 대한 반작용으로 생겨난 슬로slow 매니지먼트, 호의적·인도주의적 매니지먼트에 이르기까지, 매우 다양한 형태가 있다.

사실 자율성 또는 자유의 문제는 적어도 17세기부터 도시의 철학자와 사상가 들에게 줄곧 제기되었던 문제였다. 사회에서 천부적 자유권을 포기하지 않으면서 동시에 자연 상태와 그 위험성을 어떻게 포기할 것인가? 계약론적 사고 및 사회계약론, 그리고 오늘날 모든 형태의 '사회'의 토대가 되는 이 본질적인 문제를 라인하르트 혼과 제3제국 시대의 동료 법률가들은 철저히 도외시했다. 이들의 사고는 다음과 같았다. 즉 공동체는 자유로운 인간들의 자연스럽고 자발적인 결합체. 지도자Führer에 복종한다는 것은 자기 스스로에게, 또한 게르만 민족의 가장 순수하고 가장 건강한 본능에 복종하는 것이나 다름없기에 복종한다는 사실로 인해 자연스럽게 자유로운 인간이 된다는 것이다. 독일 제국 차원에서 참인 것은 지도자와 동지Gemossen 혹은 협력자Mitarbeiter들로 이루어진 '공동체'에 의해 운영되는 기업Betrieb 차원에서도 참이어야 했다. 따라서 자신의 직분에 충실한 매니저에게는 자유의 문제가 적절치 못하고 쓸데없는 것이다. 공동사회Gemeinschaft건 팀이건 공동체에 참여한다는 사실만으로 모두가 당연히 자유롭기 때문이다.

집단 내에서의 자유에 대한 논의는 '정치적 사회' 문제에 관한 17~18세기의 연구와 토론에 불을 지폈으며, 19세기에 이르러서는 '경제적 사회' 문제, 즉 재화 및 서비스 생산 분야에서 그 자체로 조직이자 대중적 현실이 되어버린 기업체에 대한 논의로 확산하였다. 대중의 시대는 봉급생활자의 위상이 대중화된 시기였으며, 또한 내적인 구조화 자체가 학문(매니지먼트론, 즉 관리론)이 된 매머

드급의 초대형 조직체가 탄생하는 것을 목도하게 된 시대였다. 이러한 경제적 변화를 재빨리 간파한 정치사상가들은 이러한 상황에서 구원이란 거부(위계 및 권위에 대한 거부, 구속과 종속에 대한 거부)에서, 간단히 말하면 가장 엄밀한 의미로의 무정부주의(속박하려는 권력에 대한 거부)에서 찾아야 한다고 일찍이 응답했다. 이들의 응답으로부터 경제적 사회가 존재하지 않는, 기업이 없는(존재한다고 하더라도 아주 소규모의 업체만이 존재하는) 새로운 정치적 사회가 출현한다. 예를 들어 장 자크 루소는 18세기에 이미 독립적인 자유노동자를 이상형으로 내세웠는데, 자유노동자란 프루동이 찬양했으며 같은 사고를 지닌 동시대 프랑스 화가 쿠르베가 소중히 여겼던 프랑스 쥐라 지방의 시계공과 보석세공인, 자유 생산자와 예술가 들이었다. 이 사상가들과 그들의 사고는 대안을 추구하는 이들에게 끊임없이 영감을 불어넣어 오늘날 평등주의 협동조합과 귀농·귀촌 같은 탈도시화에서부터 기업체 간부들이 자신의 일에서의 소외감 때문에 독립적인 수공업 활동으로 방향 전환하는 사례에 이르기까지 다양한 양상으로 나타나고 있다. 종속 및 매니지먼트, 즉 관리에서 해방된 무정부주의적 이상향, 이것 역시 언제나 낙원일 수는 없다. 소외라는 건 없겠지만, 노동, 투입해야 할 노력, 결과에 대한 불안감이라는 엄연한 현실이 남아 있는 것이다. 자기 손으로 낡은 집을 허물어 새로 짓고 텃밭을 가꾸면서 행복해하는 이들은 자신을 위해 일하는 게 얼마나 즐거운 일인지 모른다고 말한다. 순진하고 무책임한 유아론*적 사고인가? 자기 손으로 가꾼 텃밭에서 기른 채소를 나누는 식의 사회연대 경제의 성공적인 사례가 보여주듯 꼭 그렇지만은 않은 것 같다. 자신을 위해 일하면서도 얼마든지 남들에게 유익할 수 있다. 이곳은 라인하르트 혼이 추구했던 조직이나 이상, 그리고 그의 세계와 완전히 상반되는 세계로, 여기서는 라인하르트 혼보다는 헤겔**이 선호되는 듯하다. 여기서 인간의 노동은 개인을 물상화하여 그를 한낱 '사물'로 만들어버리는 활동이 아니라, 자신을 표현하는 물건, 자신과 닮은 물건의 생산을 통해 자아를 실현하고 자기가 누구인지 인지할 수 있게 하는 소외되지 않은 노동이다. 사물화된 개인은 '인적자원', '생산요소', '급여를 받는 대중'으로 전락하여 벤치마킹, 평가 회의, 이제는 누구도 피해갈 수 없는 파워포인트 회의 같은 업무에 헌신하는 개인들이다.

---

* Solipsisme. 자신만이 존재하고, 타인이나 그 밖의 다른 존재물은 자신의 의식 속에 있다고 하는 생각

** 헤겔은 노동이 '자신을 입증하는 인간의 본질'이자 '인간이 대자적 존재로 되는 과정', 혹은 자기 자신이 되는 과정이라고 말한 바 있다.

인간을 일개 '생산요소'로 간주하면서 그들을 길들이는 것과 지구를 한낱 사물로 취급함으로써 황폐화하는 것, 이 둘은 동일 선상에 있다. 자연의 파괴와 '생명력(활력)'의 착취를 극한으로 밀고 나갔던 나치는 환상('최종적인 승리' 및 '고성장 시대의 재개')에, 또한 라인하르트 혼을 비롯한 능수능란한 매니지먼트 이론가들이 교묘하게 꾸며낸 거짓말('자유', '자율성')에 도취하여 정신을 놓아버린 모더니티의 한 단면을 그대로 드러내는, 왜곡된 형상처럼 보인다.

어쨌든 라인하르트 혼의 인생을 통해 알 수 있는 것은 사상이든 그 사상의 창시자든 한 시대를 풍미할 뿐, 그 이상을 넘어서기는 어렵다는 사실이다. 라인하르트 혼은 과거 경력이 밝혀지고, 다른 이론들이 출현함에 따라 그의 매니지먼트 이론에 쏟아진 비판으로 고통을 겪었다.

더욱 포괄적이고 절박한 상황 변화에 따라 시대는 변화한다. 우리는 최근 수십 년 동안의 고도 생산 경제, 그리고 특정 장르의 TV 쇼(《가장 약한 고리Weakest Link》*** 같은 퀴즈쇼에서부터 리얼리티 게임쇼에 이르는) 등으로 인해 '경영', '경쟁', '매니지먼트(관리)' 같은 말

*** 2000년 8월 영국에서 첫 방영되었으며 프랑스, 미국 등 여러 나라로 수출된 인기 프로그램

들에 지나치게 익숙해졌다. 그런 우리가 우리 자신과 타인을, 그리고 이 세계를 바라보는 시선 역시 아마도 변화할 것이다. 지금 이 시대의 경제조직이나 '가치들'이 완벽하게 비현실적이기 때문이다.

평생토록 독일 제국의 패배를 소화하지 못하고 곱씹었던 인물, 패전국 독일을 경제 대국으로 만듦으로써 조국을 다시 한번 영광스럽게 만들고자 했던 나치 친위대 출신 바트 하르츠부르크 아카데미의 노교수가 우리에게 그렇게 보이는 것처럼, 지금 이 시대의 경제조직이나 가치들이 미래의 우리 후손들에게 기이하고 낯설게 느껴질지도 모른다.

참고문헌

매튜 크로포드, 『손으로, 생각하기』(사이, 2017)

조르조 아감벤, 『목적 없는 수단: 정치에 관한 11개의 노트』(난장, 2009)

조르조 아감벤, 『호모 사케르: 주권 권력과 벌거벗은 생명』(새물결, 2008)

지그문트 바우만, 『현대성과 홀로코스트』(새물결, 2013)

Bajohr, Frank et Wildt, Michael (dir.), 『Volksgemeinschaft. Neue Forschungen zur
    Gesellschaft des Nationalsozialismus』, Francfort, Fischer Verlag, 2009, 237 p.

Boltanski, Luc et Chiapello, Ève, 『Le Nouvel Esprit du capitalisme』, Paris, Gallimard, coll.
    NRF Essais, 1999, rééd. coll. Tel n° 380, 2011, 980 p.

『Braunbuch. Kriegs-und Naziverbrecher in der Bundesrepublik. Staal, Wirtschaft,
    Armee, Verwaltung, Justiz, Wissenschaft』, Berlin, Nationalrat der nationalen
    Front des Demokratischen Deutschland und Dokumentationszentrum der
    Staatlichen Archivverwaltung der DDR, 1965, 387 p.

Car, Ronald, 「Community of neighbors vs. society of merchants. The genesis of
    Reinhard Höhn's state theory」, 『Politics, Religion and Ideology』, vol. 16, n° 1,
    2015, p. 1-22.

Chamayou, Grégoire, 『La Société ingouvernable. Une généalogie du libéralisme
    autoritaire』, Paris, La Fabrique, 2018, 326 p.

Chapoutot, Johann, 『La Loi du sang. Penser et agir en nazi』, Paris, Gallimard, coll.
    Bibliothèque des Histoires, 2014, 567 p.

Chapoutot, Johann, 『La Révolution culturelle nazie』, Paris, Gallimard, coll. Bibliothèque
    des Histoires, 2017, 288 p.

Cohen, Yves, 『Le Siècle des chefs. Une histoire transnationale du commandement et
    de l'autorité, 1890-1940』, Paris, Éditions Amsterdam, 2013, 872 p.

Dreier, Horst, Pauly, Walter et alii, 『Die deutsche Staats-rechtslehre in der Zeit des
    Nationalsozialismus』, Berlin, De Gruyter, 2000, 733 p.

Dujarier, Marie-Anne, 『Le Management désincarné. Enquête sur les nouveaux cadres
    du travail』, Paris, La Découverte, 2015, 264 p.

Frei, Norbert (dir.), 『Karrieren im Zwielicht. Hitlers Eliten nach 1945』, Francfort-New
    York, Campus Verlag, 2002, 364 p.

Gall, Lothar et Pohl, Manfred (dir.), 『Unternehmen im Nationalsozialismus』, Munich,

Beck Verlag, 1998, 142 p.

Gauléjac, Vincent de, 『La Société malade de la gestion. Idéologie gestionnaire, pouvoir managérial et harcélement social』, Paris, Éditions du Seuil, 2005, 288 p.

Grünbacher, Armin, 「The Americanisation that never was? The first decade of the Baden-Badener Unternehmergespräche, 1954-64 and top management training in 1950s Germany」, 『Business History』 vol. 54, n° 2, avril 2012, p. 245-262.

Grünbacher, Armin, 『West German Industrialists and the Making of an Economic Miracle. A History of Mentality and Recovery』, Londres, Bloomsbury, 2017, 207 p.

Hachmeister, Lutz, 『Der Gegnerforscher. Die Karriere des SS-Führers Franz Alfred Six』, Munich, Beck Verlag, 1998, 414 p.

Hachmeister, Lutz, 「Die Rolle des SD-Personals in der Nachkriegszeit. Zur nationalsozialistischen Durchdringung der Bundesrepublik」, in Michael Wildt (dir.), 『Nachrichtendienst, politische Elite und Mordeinheit. Der Sicherheitsdienst des Reichsführers SS』, Hamburg, Hamburger Edition, 2016, p. 347-369.

Hachmeister, Lutz, 『Schleyer. Eine deutsche Geschichte』, Munich, Beck Verlag, 2004, 447 p.

Henry, Odile, 『Les Guérisseurs de l'économie. Sociogenèse du métier de consultant, 1900-1944』, Paris, CNRS éditions, 2012, 494 p.

Herbert, Ulrich, 『Best : biographische Studien über Radikalismus, Weltanschauung und Vernunft, 1903-1989』, Bonn, J.H.W. Dietz, 1996 ; trad. fr. Dominique Viollet, 『Werner Best. Un nazi de l'ombre』, Paris, Tallandier, 2010, 555 p.

Herbert, Ulrich, 「Generation der Sachlichkeit」, in Frank Bajohr (dir.), 『Zivilisation und Barbarei. Die widersprüchlichen Potentiale der Moderne. Detlev Peukert zum Gedenken』, Hambourg, Christians, 1991, p. 115-144.

Herf, Jeffrey, 『Reactionary Modernism. Technology, Culture, and Politics in Weimar and the Third Reich』, Cambridge, Cambridge University Press, 1984 ; trad. fr. Frédéric Joly, 『Le Modernisme réactionnaire. Haine de la raison et culte de la technologie aux sources du nazisme』, Paris, L'Échappée, 2018, 425 p.

HÖhn, Reinhard, 『Revolution, Heer, Kriegsbild』, Darmstadt, Wittich, 1944, 714 p.

Ingrao, Christian, 『Croire et détruire. Les intellectuels dans la machine de guerre SS』, Paris, Fayard, 2010, 521 p.

Jouanjan, Olivier, 『Justifier l'injustifiable. L'ordre du discours juridique nazi』, Paris, PUF,

2016, 328 p.

Jouanjan, Olivier, 「Reinhard Höhn, juriste, SS, manager」 in Marc-Olivier Baruch (dir.), 『Faire des choix ? Les fonctionnaires dans l'Europe des dictatures, 1933-1948』, Paris, La Documentation française, 2014, p. 99-125.

Kaienburg, Hermann, 『Die Wirtschaft der SS』, Berlin, Metropol Verlag, 2003, 1200 p.

Klee, Ernst, 「KÖtschau, Karl, Prof. Dr.」, in 『Das Personenlexikon zum Dritten Reich. Wer war was vor und nach 1945』, Francfort, Fischer Taschenbuch Verlag, 2e éd., 2007, 736 p., p. 327.

Konitzer, Werner et Palme, David (dir.), 『Arbeit, Volk, Gemeinschaft. Ethik und Ethiken im National-sozialismus』, Francfort-New York, Campus Verlag, 2016, 284 p.

Legendre, Pierre, Dominium mundi. 『L'empire du management』, Paris, Mille et une nuits / Fayard, 2007, 96 p.

Lindner, Stephan, 『Hoechst, ein IG Farben Werk im Dritten Reich』, Munich, Beck Verlag, 2005 ; trad. fr. Hervé Joly, 『Au cœur de l'IG Farben. L'usine chimique de Hoechst sous le Troisième Reich』, Paris, Les Belles Lettres, 2010, 414 p.

Linhart, Danièle, 『La Comédie humaine du travail. De la déshumanisation taylorienne à la sur-humanisation managériale』, Toulouse, Érès, 2015, 158 p.

Linhart, Danièle, 「La subordination au travail : entre consentement et contrainte?」, in Patrick Faugeras (dir.), 『L'Intime Désaccord. Entre contrainte et consentement』, Toulouse, Érès, 2017, 314 p., p. 223-240.

Mantel, Peter, 『Betriebswirtschaftslehre und Nationalsozialismus. Eine institutionen- und personengeschichtliche Studie』, Wiesbaden, Gabler Verlag, 2009, 926 p.

Meinel, Florian, 『Der Jurist in der industriellen Gesellschaft. Ernst Fortshoff und seine Zeit』, Berlin, Akademie Verlag, 2011, 557 p.

Müller, Alexander, Reinhard Höhn. 『Ein Leben zwischen Kontinuität und Neubeginn』, Berlin, Be. Bra Wissenschaft Verlag, 2019, 337 p.

Rebentisch, Dieter, 『Führerstaat und Verwaltung im Zweiten Weltkrieg. Verfassungsentwicklung und Verwaltungspolitik 1939-1945』, Stuttgart, Steiner, 1989, 587 p.

Rebentisch, Dieter et Teppe, Karl (dir.), 『Verwaltung contra Menschenführung im Staat Hitlers. Studien zum politisch-administrativen System』, Göttingen, Vanden hoeck & Ruprecht, 1986, 434 p.

Reichel, Peter, 『Der schöne Schein des Dritten Reiches. Faszination und Gewalt des Faschismus』, Munich, Carl Hanser Verlag, 1991 ; trad. fr. Olivier Mannoni, La

Fascination du nazisme, Paris, Odile Jacob, 1993, 455 p.

Reuber, Christian, 『Der lange Weg an die Spitze. Karrieren von Führungskräften deutscher Grossunternehmen im 20. Jahrhundert』, Francfort, Campus Verlag, 2012, 348 p.

Rüthers, Bernd, 「Reinhard Höhn, Carl Schmitt und andere – Geschichten und Legenden aus der NS-Zeit」, 『Neue Juristische Wochenschrift』, 39, 2000, p. 2866-2871.

Saldern, Adelheid von, 「Das "Harzburger Modell". Ein Ordnungssystem für bundesrepublikanische Unternehmen, 1960-1975」, in Thomas Etzemüller (dir.), 『Die Ordnung der Moderne. Social Engineering im 20. Jahrhundert』, Bielefeld, Transcript Verlag, 2009, p. 303-329.

Schmid, Daniel C., 「"Quo vadis, Homo harzburgensis?" Aufstieg und Niedergang des "Harzburger Modells"」, 『Zeitschrift für Unternehmensgeschichte』, vol. 59, n° 1, 2014, p. 73-98.

Schroeder, Klaus-Peter, 『Eine Universität für Juristen und von Juristen. Die Heidelberger juristische Fakultät im 19. und 20. Jahrhundert』, Tübingen, Mohr Siebeck, 2010, 744 p.

Schulte, Jan Erik, 『Zwangsarbeit und Vernichtung. Das Wirtschaftsimperium der SS. Oswald Pohl und das SS-Wirtschafts-Verwaltungshauptamt 1933-1945』, Paderborn, Schöningh, 2001, 550 p.

Smelser, Ronald et Syring, Enrico (dir.), 『Die SS : Elite unter dem Totenkopf. 30 Lebensläufe』, Paderborn, Schöningh, 2000, 462 p.

Smelser, Ronald, Syring, Enrico et Zitelmann, Rainer (dir.), 『Die braune Elite II. 21 weitere biographische Skizzen』, Darmstadt, Wissenschaftliche Buchgesellschaft, 1993, 323 p.

Stiegler, Barbara, 『Il faut s'adapter. Sur un nouvel impératif politique』, Paris, Gallimard, coll. NRF Essais, 2019, 336 p.

Stolleis, Michael, 『Geschichte des öffentlichen Rechts in Deutschland, tome III, Staats- und Verwaltungsrechtswissenschaft in Republik und Diktatur 1914 bis 1945』, Munich, Beck Verlag, 1999, 439 p.

Supiot, Alain, 『Le Travail n'est pas une marchandise. Contenu et sens du travail au xxie siècle』, Paris, Éditions du Collège de France, 2019, 66 p.

Tooze, Adam, 『The Wages of Destruction. The Making and Breaking of the Nazi Economy』, Londres, Penguin Books, 2007, trad. fr. Pierre-Emmanuel Dauzat, 『Le Salaire de la destruction. Formation et ruine de l'économie nazie』, Paris, Les Belles Lettres, 2012, 806 p.

Wildt, Michael, 「Der Fall Reinhard Höhn. Vom Reichssicherheitshauptamt zur Harzburger Akademie」, in Alexander Gallus et Axel Schildt (dir.), 『Rückblickend in die Zukunft. Politische Öffentlichkeit und intellektuelle Positionen in Deutschland um 1950 und um 1930』, Göttingen, Wallstein Verlag, 2011, p. 254-274.

Wildt, Michael, 『Generation des Unbedingten. Das Führungskorps des Reichssicherheitshauptamtes』, Hambourg, Hamburger Edition, 2002, 964 p.

미주

머리말

1   Christian Ingrao, 『Les Chasseurs noirs. La Brigade Dirlewanger』, Paris, Perrin, 2006, 220 p.

2   Nicolas Patin, 『Krüger, un bourreau ordinaire』, Paris, Fayard, 2017, 300 p.

3   Robert Gerwarth, 『Hitler's Hangman. The Life of Heydrich』, New Haven, Yale University Press, 2011, 336 p.

4   Joachim Lehmann, 「Herbert Backe, Technokrat und Agrarideologe」, in Ronald Smelser, Enrico Syring et Rainer Zitelmann (dir.), 『Die braune Elite II. 21 weitere biographische Skizzen』, Darmstadt, Wissenschaftliche Buchgesellschaft, 1993, p. 1-12. Herbert Backe, 『Deutscher Bauer, erwache ! Die Agrarkrise, ihre Ursachen und Folgerungen』, Munich, Boepple, Nationalsozialistische Agrarfragen, 1931, 31 p.

5   Herbert Backe, 「12 Gebote für das Verhalten der Deutschen im Osten und die Behandlung der Russen」, 3 p., 1er juin 1941.

6   Cf. Gesine Gerhard, 「Food and genocide. Nazi agrarian politics in the occupied territories of the Soviet Union」, 『Contemporary European History』, vol. 18, n° 1, février 2009, 1, p. 45-65.

7   Cf. notamment Götz Aly, 『Endlösung. Völkerverschiebung und der Mord an den europäischen]uden』, Francfort, Fischer Verlag, 1995, 446 p.

8   Michael Allen, 『The Business of Genocide. The SS, Slave Labor, and the Concentration Camps, Chapel Hill』, University of North Carolina Press, 2002, 377 p., ainsi que, du même, 「Oswald Pohl, Chef der SS-Wirtschaftsunternehmen」, in Ronald Smelser et Enrico Syring (dir.), 『Die SS : Elite unter dem Totenkopf. 30 Lebensläufe』, Paderborn, Schöningh, 2000, p. 394-407.

9   Rainer Fröbe, 「Hans Kammler, Technokrat der Vernichtung」, ibid., p.

305-319.

10   Cf. notamment Magnus Brechtken, 『Albert Speer. Eine deutsche Karriere』, Munich, Siedler Verlag, 2017, et Martin Kitchen, 『Speer. Hitler's Architect』, New Haven, Yale University Press, 2015, trad. fr. Martine Devillers-Argouarc'h, 『Speer. L'architecte d'Hitler』, Paris, Per- rin, 2017, 637 p.

11   Cf. Marie-Anne Dujarier, 『Le Management désincarné. Enquête sur les nouveaux cadres du travail』, Paris, La Découverte, 2015, 258 p.

1장 대독일 제국의 행정을 재고하다

1.   Waldemar Ernst, 「Erlebnis und Gestaltung deutscher Gross raumverwaltung」, 『Reich, Volksordnung, Lebensraum. Zeitschrift für völkische Verfassung und Verwaltung』, vol. V, 1943, p. 269-285, p. 269.

2   Ibid., p. 270.

3   Gerhard Rolfs, 「Erfassung der Unterlagen für eine planmässige Verwaltungsführung」, ibid., p. 285-295. (Toutes les traductions sont de l'auteur.)

4   Wilhelm Stuckart, 「Zentralgewalt, Dezentralisation und Verwaltungseinheit」, in Wilhelm Stuckart, Werner Best 『et alii, Festgabe für Heinrich Himmler』, Darmstadt, Wittich, 1941, 292 p., p. 1-32, p. 2 pour la citation qui précède.

5   Ibid., p. 1.

6   Ibid., p. 5.

7   ibid., p. 7 et p. 31.

8   Ibid., p. 4.

9   Ibid.

10   Ibid.

11   Ibid., p. 6.

12   Ibid., p. 5.

13   Walter Labs, 「Die Verwaltung der besetzten Ostgebiete」, 『Reich,

Volksordnung, Lebensraum. Zeitschrift für völkische Verfassung und Verwaltung』, vol. V, 1943, p. 132-167, p. 137.

14 「Erlaß des Führers und Reichskanzlers über die Vereinfachung der Verwaltung vom 28. August 1939」, 〈Reichsgesetzblatt〉, n° 153, 30 août 1939, p. 1535-1537.

15 Wilhelm Stuckart, 「Die Neuordnung der Kontinente und die Zusammenarbeit auf dem Gebiete der Verwaltung」, 『Reich, Volksordnung, Lebensraum. Zeitschrift für völkische Verfassung und Verwaltung』, vol. I, 1941, p. 3-28, p. 27.

16 Wilhelm Stuckart, 「Zentralgewalt, Dezentralisation und Verwaltungseinheit」, in Wilhelm Stuckart, Werner Best 『et alii, Festgabe für Heinrich Himmler, op. cit.』, p. 13.

17 Ibid.

18 Ulrich Herbert, 『Best : biographische Studien über Radikalismus, Weltanschauung und Vernunft, 1903-1989, Bonn, J.H.W. Dietz, 1996, trad. fr. Dominique Viollet, 『Werner Best. Un nazi de l'ombre』, Paris, Tallandier, 2010, 555 p.

19 Werner Best, 「Grundfragen einer deutschen Grossraum-Verwaltung」, in Wilhelm Stuckart, Werner Best 『et alii, Festgabe für Heinrich Himmler, op. cit.』, p. 33-60, p. 33.

20 Ibid., p. 37. 21. Ibid., p. 38-39. 22. Ibid., p. 40.

2장 이제는 국가와 결별해야 하는가?

1 Cf. Johann Chapoutot, 『La Révolution culturelle nazie』, Paris, Gallimard, coll. Bibliothèque des Histoires, 2017, chapitre ii : 「La dénaturation du droit nordique. Droit germanique et réception du droit "romain"」, p. 53-72.

2 『Robert Koch, Bekämpfer des Todes』 (Hans Steinhoff), Tobis, 113 min, 1939, BA-FA 187456.

3 《Carl Peters》 (1941), 117 min, BA-FA 10102. Sur un scénario d'Ernst von

Salomon.

4   Reinhard Höhn, 『Die Wandlung im staatsrechtlichen Denken』, Hambourg, Hanseatische Verlagsanstalt, 1934, 46 p.

5   Ibid., p. 35. 6. Ibid., p. 36.

7   Ibid.

8   Reinhard Höhn, 「Volk, Staat und Recht」, in Reinhard Höhn, Theodor Maunz et Ernst Swoboda, 『Grundfragen der Rechtsauffassung』, Munich, Duncker & Humblot, 1938, p. 1–27.

9   Ibid., p. 26.

10   Reinhard Höhn, 『Verwaltung heute. Autoritäre Führung oder modernes Management?』, Bad Harzburg, Verlag für Wissenschaft, Wirtschaft und Technik, 1970, 448 p., p. 1.

11   Ibid., p. 2

12. Ibid., p. 3

13   Ibid.

3장 '게르만의 자유'

1   Heinrich Himmler, in Werner Best, Hans Frank, Heinrich Himmler et Reinhard Höhn, 『Grundfragen der deutschen Polizei. Bericht über die konstituierende Sitzung des Ausschusses für Polizeirecht der Akademie für deutsches Recht am 11. Oktober 1936』, Hambourg, Hanseatische Verlagsanstalt, Arbeitsberichte der Akademie für deutsches Recht, 1936, 35 p., p. 12.

2   Reinhard Höhn, 『Die Wandlung im staatsrechtlichen Denken, op. cit.』, p. 9.

3   Ibid., p. 9.

4   Ibid., p. 12.

5   Ibid., p. 10 et p. 34.

6   Ibid., p. 36.

7   Ibid., p. 42.

8   Ibid., p. 36.

9   Ibid., p. 34.

10   『Der Herrscher』 (Veit Harlan), UFA, 1937, 99 min, BA-FA 10274.

11   Cf. Dieter Rebentisch et Karl Teppe (dir.), 『Verwaltung contra Menschenführung im Staat Hitlers. Studien zum politisch-administrativen System』, Göttingen, Vandenhoeck & Ruprecht, 1986, 434 p., et Dieter Rebentisch, 『Führerstaat und Verwaltung im Zweiten Weltkrieg. Verfassungsentwicklung und Verwaltungspolitik 1939-1945』, Stuttgart, Steiner, 1989, 587 p.

4장 '인적자원' 관리

1   Ludwig Ferdinand Clauss, 『Rasse und Seele. Eine Einführung in den Sinn der leiblichen Gestalt』, Munich, Lehmann Verlag, 1926, 189 p. Cf. également Ludwig Ferdinand Clauss, 『Die nordische Seele – Eine Einführung in die Rassenseelenkunde』, Munich, Lehmann Verlag, 1933, 91 p.

2   Adam Tooze, 『The Wages of Destruction. The Making and Breaking of the Nazi Economy』, Londres, Penguin Books, 2007, trad. fr. Pierre-Emmanuel Dauzat, 『Le Salaire de la destruction. Formation et ruine de l'économie nazie』, Paris, Les Belles Lettres, 2012, 806 p.

3   Götz Aly, 『Hitlers Volksstaat. Raub, Rassenkrieg und nationaler Sozialismus』, Francfort, Fischer Verlag, 2005, trad. fr. Marie Gravey, 『Comment Hitler a acheté les Allemands. Le IIIe Reich, une dictature au service du peuple』, Paris, Flammarion, 2005, 373 p.

4   Johann Chapoutot, 「Suum cuique et "justice naturelle" sous le IIIe Reich」, in Christine Mengès-Le Pape (dir.), 『La Justice entre théologie et droit』, Toulouse, Presses de l'Université Toulouse I Capitole, 2016, p. 633-640.

5장 나치 친위대에서 매니지먼트로: 라인하르트 혼의 경영자 아카데미

1   Michael Wildt, 『Generation des Unbedingten. Das Führungskorps des
    Reichssicherheitshauptamtes』, Hambourg, Hamburger Edition, 2002,
    966 p., et Christian Ingrao, 『Croire et détruire. Les intellectuels dans la
    machine de guerre SS』, Paris, Fayard, 2010, 521 p.

2   울리히 헤르베르트가 쓴 베르너 베스트의 전기에 필적할만한 라인하
    르트 혼의 전기가 나온 지는 얼마 되지 않는다. 2000년대 이후 두 명
    의 독일 역사학자 미하엘 빌트, 루츠 하크마이스터, 그리고 프랑스 법
    률가 올리비에 주앙장이 라인하르트 혼의 삶에 주목했다 : Olivier
    Jouanjan, 「Reinhard Höhn, juriste, SS, manager」, in Marc-Olivier Baruch
    (dir.), 『Faire des choix? Les fonctionnaires dans l'Europe des dictatures,
    1933-1948』, Paris, La Documentation française, 2014, p. 99-125 ; Lutz
    Hachmeister, 「Die Rolle des SD-Personals in der Nachkriegszeit. Zur
    nationalsozialistischen Durchdringung der Bundesrepublik」, in Michael
    Wildt (dir.), 『Nachrichtendienst, politische Elite und Mordeinheit. Der
    Sicherheitsdienst des Reichsführers SS』, Hambourg, Hamburger
    Edition, 2016, p. 347-369 ; Michael Wildt, 「Der Fall Reinhard Höhn. Vom
    Reichssicherheitshauptamt zur Harzburger Akademie」, in Alexander
    Gallus et Axel Schildt (dir.), 『Rückblickend in die Zukunft. Politische
    Öffentlichkeit und intellektuelle Positionen in Deutschland um 1950
    und um 1930』, Göttingen, Wallstein Verlag, 2011, p. 254-274.
    그러다가 최근 2019년 여름에, 독일 켐니츠 공과대학에서 통과된 박사
    학위 논문을 기반으로 한 라인하르트 혼의 전기가 처음으로 출간되었
    다 : Alexander Müller, 『Reinhard Höhn : ein Leben zwischen Kontinuität
    und Neubeginn』, Berlin, Be. Bra Wissenschaft Verlag, 2019, 337 p.

3   Reinhard Höhn, 『Die Stellung des Strafrichters in den Gesetzen der
    französischen Revolutionszeit (1791-1810)』, Berlin, De Gruyter, 1929, 147 p.

4   Reinhard Höhn, 『Der individualistische Staatsbegriff und die juris- tische
    Staatsperson, Berlin』, Heymann, 1935, 230 p.

5   Lutz Hachmeister, 『Schleyer, eine deutsche Geschichte』, Munich, Beck

Verlag, 2004, 447 p.

6   Carl Schmitt (dir.), 『Das Judentum in der Rechtswissenschaft. Ansprachen, Vorträge und Ergebnisse der Tagung der Reichsgruppe Hochschullehrer des NSRB am 3. und 4. Oktober 1936 — 1 – Die deutsche Rechtswissenschaft im Kampf gegen den jüdischen Geis』t, Berlin, Deutscher Rechtsverlag, 1936, 35 p.

7   Michael Wildt, 「Der Fall Reinhard Höhn. Vom Reichssicherheitshauptamt zur Harzburger Akademie」, in Alexander Gallus et Axel Schildt (dir.), 『Rückblickend in die Zukunft, op. cit.』, p. 259.

8   Ibid., p. 266.

9   Lutz Hachmeister, 「Die Rolle des SD-Personals in der Nachkriegszeit. Zur nationalsozialistischen Durchdringung der Bundesrepublik」, in Michael Wildt (dir.), 『Nachrichtendienst, politische Elite und Mordeinheit, op. cit.』, p. 349.

10 Ibid., p. 351.

11 Lutz Hachmeister, 『Der Gegnerforscher. Die Karriere des SS-Führers Franz Alfred Six』, Munich, Beck Verlag, 1998, 414 p.

12 Franz-Alfred Six, 『Marketing in der Investitionsgüterindustrie. Durchleuchtung, Planung, Erschliessung』, Bad Harzburg, Verlag für Wissenschaft, Wirtschaft und Technik, 1971, 161 p.

6장 전쟁의 기술 (또는 경제 전쟁의 기술)

1   Reinhard Höhn, 『Scharnhorsts Vermächtnis』, Bonn, Athenäum Verlag, 1952, 2e édition Francfort, Bernard & Graefe Verlag für Wehrwesen, 1972, 387 p.

2   Ibid., p. 68 et passim.

3   Ibid., p. 75.

4   Ibid.

5   Ibid.

6   Ibid.

7   Ibid., p. 76.

8   Ibid.

9   Ibid., p. 68.

10   Ibid.

11   Ibid., p. 65.

12   Ibid.

13   Ibid., p. 66.

14   Ibid., p. 67.

15   Ibid., p. 13.

16   Ibid., p. 16.

17   Ibid., p. 14 sq.

18   Ibid., p. 15.

19   Ibid., p. 16.

20   Ibid., p. 15.

21   Ibid., p. 16.

22   Ibid., p. 102.

23   Ibid.

24   Ibid., p. 103.

25   Ibid.

26   Ibid., p. 107.

27   Ibid., p. 105.

28   Ibid., p. 107 et 117 sq.

29   Ibid., p. 117.

30   Ibid.

31   Ibid., p. 110.

32   Ibid., p. 107.

33   Ibid., p. 136.

34   Ibid., p. 118.

35   Ibid., p. 119.

36   Ibid., p. 121.

37   Ibid., p. 134.

38   Ibid.

39   Ibid., p. 137.

40   Ibid., p. 138.

41   Ibid., p. 139 et 141.

42   Ibid., p. 140.

43   Ibid., p. 141.

7장 바트 하르츠부르크 방식: 복종할 자유, 성공할 의무

1   Norbert Frei (dir.), 『Karrieren im Zwielicht. Hitlers Eliten nach 1945』, Francfort-New York, Campus Verlag, 2002, 364 p.

2   Nikolas Lelle, 「"Firm im Führen". Das "Harzburger Modell" und eine (Nachkriegs-)Geschichte deutscher Arbeit」, in Werner Konitzer et David Palme (dir.), 『Arbeit, Volk, Gemeinschaft. Ethik und Ethiken im Nationalsozialismus』, Francfort-New York, Campus Verlag, 2016, 284 p.

3   Reinhard Höhn, 『Das tägliche Brot des Managements. Orientierungshilfen zur erfolgreichen Führung』, Bad Harzburg, Verlag für Wissenschaft, Wirtschaft und Technik, 1978, 212 p.

4   Reinhard Höhn, 『Die Sekretärin und der Chef. Die Sekretärin in der Führungsordnung eines modernen Unternehmens』, Bad Harzburg, Verlag für Wissenschaft, Wirtschaft und Technik, 1965, 250 p.

5   Reinhard Höhn, 『Die Geschäftsleitung der GmbH. Organisation, Führung und Verantwortung』, Cologne, Schmidt, 1987, 235 p.

6   Reinhard Höhn, 『Das Unternehmen in der Krise. Krisenmanagement und Krisenstab』, Bad Harzburg, Verlag für Wissenschaft, Wirtschaft und Technik, 1974, 138 p.

7   Reinhard Höhn, 『Die Technik der geistigen Arbeit. Bewältigung der Routine, Steigerung der Kreativität』, Bad Harzburg, Verlag für Wissenschaft, Wirtschaft und Technik, 1979, 325 p.

8   Reinhard Höhn, 『Das tägliche Brot des Managements, op. cit.』, p. 47.

9   Ibid.

10 Reinhard Höhn, 『Reich, Grossraum, Grossmacht』, Darmstadt, Wittich, 1942, 143 p., p. 85.

11 Ibid.

12 Reinhard Höhn, 『Verwaltung heute. Autoritäre Führung oder modernes Management?, op. cit.』, Vorwort[서문], p. VIII.

13 Reinhard Höhn, Das Harzburger Modell in der Praxis, Bad Harzburg, Verlag für Wissenschaft, Wirtschaft und Technik, 1970, 82 p., p. 6.

14 Ibid.

15 Reinhard Höhn et Gisela Böhme, 『Die Sekretärin und die innere Kündigung im Unternehmen. Ihr Verhalten im Spannungsfeld zwischen Chef und Mitarbeitern』, Bad Harzburg, Verlag für Wissenschaft, Wirtschaft und Technik, 1983, 90 p., et Reinhard Höhn, 『Die innere Kündigung im Unternehmen. Ursachen, Folgen, Gegenmassnahmen』, Bad Harzburg, Verlag für Wissenschaft, Wirtschaft und Technik, 1983, 161 p.

16 Reinhard Höhn, 『Verwaltung heute, op. cit.』, p. VII. 17. Ibid., p. VII.

18 Ibid., p. X.

19 Ibid.

20 Ibid., p. XI. 21. Ibid.

22 Ibid., p. 406. 23. Ibid., p. 408. 24. Ibid., p. 411.

8장 신의 몰락

1   『Braunbuch. Kriegs- und Naziverbrecher in der Bundesrepublik. Staat, Wirtschaft, Armee, Verwaltung, Justiz, Wissenschaft』, Berlin, Nationalrat der nationalen Front des Demokratischen Deutschland und Dokumentationszentrum der Staatlichen Archivverwaltung der DDR, 1965, 387 p.

2   Michael Wildt, 「Der Fall Reinhard Höhn. Vom Reichssicherheitshauptamt zur Harzburger Akademie」, in Alexander

Gallus et Axel Schildt (dir.), 『Rückblickend in die Zukunft, op. cit.』, p. 267-268.

Rosemarie Fiedler-Winter, 「Management nach Schweizer Art」, 〈Die Zeit〉, 28 juillet 1972.

4	Michael Wildt, 「Der Fall Reinhard Höhn. Vom Reichssicherheitshauptamt zur Harzburger Akademie」, in Alexander Gallus et Axel Schildt (dir.), 『Rückblickend in die Zukunft, op. cit.』, p. 268-269.

5	Andreas Straub, 『Aldi, einfach billig. Ein ehemaliger Manager packt aus』, Reinbek, Rowohlt Taschenbuch Verlag, 2012, 333 p.

6	Aldi, 『Manuel Responsable Secteur』, s.l.n.d., rubrique M4 (non paginé).

7	「Konzern im Kontrollrausch」, 〈Der Spiegel〉, 30 avril 2012.

8	「Das System lebt von totaler Kontrolle und Angst」, 〈Der Spiegel〉, 2 mai 2012.

맺음말

1	Maurice Papon, 『L'Ère des responsables. Essai sur une méthodologie de synthèse à l'usage des chefs dans la libre entreprise et dans l'État』, Tunis, La Rapide, 1954, 213 p.

2	Yves Cohen, 『Le Siècle des chefs. Une histoire transnationale du commandement et de l'autorité, 1890-1940』, Paris, Éditions Amsterdam, 2013, 872 p.

3	Odile Henry, 『Les Guérisseurs de l'économie. Sociogenèse du métier de consultant, 1900-1944』, Paris, CNRS éditions, 2012, 494 p.

4	Jeffrey Herf, 『Reactionary Modernism. Technology, Culture, and Politics in Weimar and the Third Reich』, Cambridge, Cambridge University Press, 1984, trad. fr. Frédéric Joly, 『Le Modernisme réac-tionnaire. Haine de la raison et culte de la technologie aux sources du nazisme』, Paris, L'Échappée, 2018, 425 p.

5	제3제국을 '스펙타클 및 유혹의 사업'으로 평가한 페터 라이헬의 선구자

적인 연구를 참조하시오 : Peter Reichel, 『Der schöne Schein des Dritten Reiches. Faszination und Gewalt des Faschismus』, Munich, Carl Hanser Verlag, 1991, trad. fr. Olivier Mannoni, 『La Fascination du nazisme』, Paris, Odile Jacob, 1993, 455 p.

6   Frank Bajohr et Michael Wildt (dir.), 『Volksgemeinschaft. Neue Forschungen zur Gesellschaft des Nationalsozialismus』, Francfort, Fischer Verlag, 2009, 237 p.

7   David Graeber, 『Bullshit Jobs』, New York, Simon & Schuster, 2018 ; trad. fr. Élise Roy, Paris, Les Liens qui libèrent, 2018, 416 p.

색인

복종할 자유
나치즘에서 건져 올린
현대 매니지먼트의 원리

Libres d'obéir
Le management,
du nazisme à aujourd'hui

초판 인쇄	2022. 2. 25.
초판 발행	2022. 3. 4.
저자	요한 샤푸토
역자	고선일
발행인	이재희
출판사	빛소굴
출판 등록	제2510022021000011호(2021. 1. 19.)
팩스	0504-011-3094
이메일	bitsogul@gmail.com
ISBN	979-11-975375-2-3 (03920)
홈페이지	www.bitsogul.com

값 15,000원